PICKNICK

Die besten Rezepte aus der Reihe LANDHAUSKÜCHE
für ein Fest im Freien

Herausgegeben und mit einer Einleitung von Heidi Haughy Cusick
Mit Fotos von Deborah Jones und Kathryn Kleinman
Aus dem Englischen von Susanne Dickerhof-Kranz
Bearbeitet von Marion Morawek

CARLSEN

1. Auflage 1996

Die Originalausgabe erschien unter dem Titel
Picnics: Over 40 Recipes for Dining in the Great Outdoors
bei Collins Publishers, San Francisco

Published by arrangement with Collins Publishers,
a division of HarperCollins Publishers Inc.
Lektorat: Ursula Steffens
Druck und Bindung: Grafiche AZ, Verona
ISBN 3-551-85034-8
Printed in Italy

INHALT

EINLEITUNG

Eine Decke, die auf dem Waldboden oder einer Wiese ausgebreitet wird, weckt ein Gefühl von Abenteuer. Kinder versuchen Schmetterlinge zu fangen. Ein Freund nimmt eine Frisbee-Scheibe zur Hand, und ein anderer öffnet die erste Flasche Wein. Die Luft ist klar, und während der Korb ausgepackt wird, wächst der Appetit. Die Bedeutung des Begriffes Picknick leitet sich vom französischen *pique-nique* her und bedeutet hier eine Mahlzeit, die man im Freien zu sich nimmt und zu der jeder Teilnehmer etwas beisteuert. Zu einem richtigen Picknick braucht es also mindestens zwei Personen. Ich möchte Sie mit diesem Buch dazu verleiten, Ihre Decke mit anderen zu teilen und für sie ausgewählte Gerichte vorzubereiten.

Wie die Liebe appelliert ein Picknick an alle Sinne. Wir nehmen die Natur anders wahr, der Blick wendet sich wilden Pilzen und Beeren zu. Die Luft ist angereichert vom Aroma rauchender Kohlen, und es weht eine leichte Brise. Ein Chor von Singvögeln eröffnet das Fest. Wer dann ißt, ißt wie zum ersten Mal. Draußen zu essen, erinnert uns nicht nur an unsere unzivilisierteren Seiten, sondern stellt auch eine

Herausforderung dar. Einerseits ist ein Picknick wie ein Kurzurlaub, weil es einen Ausbruch aus der Routine darstellt. Die Wahl des Ortes für ein Picknick wird nur durch persönliche Vorlieben, Phantasie und Zeit eingeschränkt. Man kann spazierengehen oder skifahren und am Wegrand essen; man kann das Essen an den Strand oder auf die nächstgelegene Wiese mitnehmen oder einen längeren Ausflug planen. Gleichzeitig können aber auch Regen, Wind und Kälte die Fähigkeiten auch der größten Picknick-Fans auf die Probe stellen. Ein Tuch, das zwischen Bäumen aufgespannt wird, kann helfen, auch gegen die im Sommer im Freien beinahe immer anzutreffenden Insekten – verlangt wird aber die Fähigkeit, aus den vorhandenen Mitteln etwas zu gestalten. Die Begeisterung darüber, den Elementen getrotzt zu haben, macht dann aus einem Picknick oftmals eine denkwürdige Mahlzeit.

Die entspanntesten Picknicks sind die, die man zuvor geplant hat. Bei aller Spontaneität gilt doch die alte Regel: Sei vorbereitet. Dieses Buch enthält ein Kapitel zur Vorbereitung eines Picknicks. Hier finden Sie eine Liste der wichtigsten Ausrüstungsgegenstände und Vorräte. Wenn Sie diese im Haus haben, sind Sie für jeden Fall gerüstet, egal ob Sie ein Picknick zu einem besonderen Anlaß planen oder nach der Arbeit plötzlich beschließen, mit Freunden oder der Familie ins Grüne zu fahren. Außerdem gibt es praktische Ratschläge und Warnungen zur Aufbewahrung von Lebensmitteln sowie einige Hinweise zur Vorbereitung eines Grills.

Es ist Ihnen überlassen, was Sie zum Anlaß für ein Picknick nehmen. Ein Park wird eröffnet, die Liebe Ihres Lebens braucht mal eine Pause. Sie haben Ihre Freunde seit Wochen nicht gesehen. Der Frühling kündigt sich an, die Blätter wechseln im Herbst die Farbe, oder das Wetter ist einfach gut. Und außerdem schmeckt im Freien alles besser. Die Aromen erlangen eine Intensität, die nicht vergleichbar ist mit dem, was man zu Hause schmeckt. Der Thunfisch auf einem Sandwich oder in einem Salat schmeckt am Strand leicht salzig und nach Meer. Jeder Tag bietet die Gelegenheit zu einem Picknick: vom Sonntagsfrühstück und dem Mittagessen am Samstag bis hin zu einem Essen bei Sonnenuntergang. Jedes Rezept in dieser Sammlung verdient eine solche Gelegenheit.

Picknicks sind wenig formell und deshalb eine der schönsten Möglichkeiten, Gäste zu bewirten. In dem Kapitel über Menus für besondere Anlässe finden Sie Vorschläge für sechs verschiedene Themen-Picknicks, für die entweder der Gastgeber alles vorbereitet, zu denen aber auch jeder etwas mitbringen kann. Zusätzlich zu den Rezepten finden Sie Ideen für Picknick-Plätze und deren Ausstattung. Man kann etwa die Gäste auch bitten, eine Ge-

schichte, ein Spiel oder eine Dekoration beizutragen. Die Themen reichen von einem romantischen Picknick zu zweit bis hin zu einem Fest für zwanzig Personen. Ich bin mit Picknicks aufgewachsen. Für die Sonntagsausflüge mit der Familie packte meine Mutter immer einen Korb voll mit lauter Köstlichkeiten, zum Teil, weil wir sieben Kinder waren, vor allem aber, weil die Ziele beinahe immer ruhige Parks waren. Mein Mann machte mir den Hof mit Picknicks an Steilküsten und auf provenzalischen Wiesen. Meine Kinder aßen oft genug Picknick-Pakete auf Parkbänken und Decken, um die Vorzüge dieser Art zu essen kennenzulernen. Jetzt suchen sie im Kühlschrank nach Oliven und Käse, die sie auf ihre eigenen Ausflüge mit einem Boot oder in die Wälder mitnehmen können.

VORBEREITUNG EINES PICKNICKS

Bei der Planung für ein gelungenes Picknick sollte man einige Punkte beachten, unabhängig davon, ob Sie es spontan veranstalten möchten oder schon vorher eingeladen haben.
Alle Gerichte in diesem Buch sind für den Transport im Auto geeignet, und abgesehen von denjenigen, die gekühlt werden müssen, lassen sie sich auch mit dem Rucksack transportieren.

Ausrüstung: Zunächst benötigen Sie etwas, worin Sie das Essen tragen können. Eine Einkaufstasche oder ein Pappkarton genügen, schöner ist natürlich ein Korb. Ob dies ein offener Einkaufskorb ist, ein alter, geflochtener mit Holzdeckel oder ein vollständig ausgestatteter Picknick-Korb, bleibt Ihnen überlassen. Wenn Sie diesen mit einem schönen Geschirrtuch oder einem Stück bunten Stoff auslegen, verspricht schon der optische Eindruck ein schönes Fest. Mein Korb ist immer schon mit den wichtigsten Utensilien für ein Picknick fertig gepackt. Es sollte alles möglichst leicht sein, da man manches Mal vom Auto oder Haus aus ein ganzes Stück gehen muß, bis man den schönsten Platz gefunden hat. Man sollte nach Möglichkeit abwaschbares Geschirr verwenden, dieses muß zu Hause dann zwar abgewaschen werden, ist aber unter ökologischen Gesichtspunkten sinnvoller.
Folgendes sollten Sie immer zur Hand haben:

Teller oder flache Schalen aus Plastik oder Blech,
Pappteller als Reserve
Wiederverwendbares Besteck
Plastikbecher oder bruchfeste Gläser
Papier- oder Stoffservietten
2 Geschirrtücher
Streichhölzer
Korkenzieher
Brotmesser
Kleines Holzbrett
Tischdecke
Picknick-Decke
Thermoskanne
Isolierbehälter für kalte oder warme Speisen

Unerläßlich ist außerdem eine Auswahl an runden oder eckigen Plastikgefäßen mit fest schließendem Deckel. Sehr nützlich ist auch eine Tortenplatte mit Deckel für den Transport von Kuchen. Salate und Milchprodukte sowie Getränke halten sich am besten in einer Kühltasche, eine Thermoskanne hält Suppen, Kaffee und andere heiße Getränke warm. Ein tragbarer Klappgrill ist ideal, wenn man z. B. am Strand ein offenes Feuer zum Kochen haben möchte. Zur Aufbewahrung wickeln Sie ihn am besten in Zeitungspapier. Achtung: Nach Gebrauch sollte man warten, bis er vollständig ausgekühlt ist. Für Picknicks, die unter einem bestimmten Motto stehen, packe ich zusätzlich Accessoires ein, etwa eine bestimmte Vase oder Servierplatte. Auch Tischdecken und Papierservietten können passend zum Thema gewählt werden, z. B. mit Blumenmotiven oder Geburtstagswünschen.

Vorsichtsmaßnahmen: Draußen, im Freien zu essen macht den besonderen Reiz von Picknicks aus. In den meisten Fällen wird dies in der Mittagszeit geschehen, der heißesten Zeit des Tages. In diesem Zusammenhang sollte man einige Vorsichtsmaßregeln beachten, um zu verhindern, daß Lebensmittel verderben. Läßt man Kartoffelchips zu lange in der Sonne liegen, werden sie vermutlich schal schmecken und nicht mehr knusprig sein. Sie werden Ihnen aber nicht schaden. Zu stark erhitzte Mayonnaise dagegen kann giftig sein. Für ein Picknick sollten sie deshalb immer fertige Mayonnaise verwenden und keine selbstgerührte, so gut diese schmecken mag. Die Konservierungsmittel in gekaufter Mayonnaise verlängern ihre Haltbarkeit. Käse, Butter und andere Milchprodukte werden schnell schlecht und sollten immer gekühlt und erst zum Gebrauch aus der Kühltasche geholt werden. Salat, Gemüse und Obst wird am besten gewaschen, getrocknet, in Plastiktüten oder -behältern verpackt und dann einige Stunden gekühlt, bevor Sie zum Picknick aufbrechen.
Zusätzliche Hinweise zu Kühlung und Verpackung finden Sie bei den einzelnen Rezepten.
Ein Picknick wird immer Fliegen, Wespen und andere Insekten anlocken. Um zu verhindern, daß Sie Ihnen zu lästig werden, können Sie das Essen auf einem Tisch aufbewahren oder auch anrichten. Vor allem aber sollte es bis zum Servieren entweder in den Behältern bleiben oder aber durch Mulltücher abgedeckt werden. Wespen interessieren sich besonders für Fleisch und Süßes. Die alte Devise, sie nicht wütend zu machen, gilt nach wie vor. Man wird sie dadurch nicht vertreiben, möglicherweise aber verhindern können, daß Sie einen stechen. Für alle Fälle sollte man aber eine Erste-Hilfe-Ausstattung oder auch Insektenspray dabei haben.

Grillen: Grillen und Picknicks sind eine natürliche Kombination. Zum Grillen sollte man möglichst gutes, trockenes Holz verwenden, das man entweder mitbringen kann oder – wo erlaubt – im Park oder am Strand sammeln kann. Das Feuer baut man in einem tragbaren Grill oder einer kleinen Fläche, um die ein Sandwall gebaut wird. Dazu benötigen Sie:

Zeitungspapier
Zweige
kleine und größere Holzscheite
Grillkohle
Speiseöl sowie einen Küchenpinsel
Streichhölzer
Grillrost, falls nicht vorhanden

Und so wird es gemacht: Die Basis bildet eine Lage zerknülltes Zeitungspapier, darüber legt man einige Reisigzweige oder kleine Holzscheite und zuletzt die größeren Scheite oder Grillkohle. Von oben wird etwas Speiseöl auf den Stapel geträufelt. Dann das Zeitungspapier anzünden. Falls nötig, kann man das Feuer von unten etwas schüren, damit Sauerstoff an die Flammen kommt. Es sollte so lange brennen, bis die großen Scheite (oder Kohle) zu glühen beginnen. Es wird dann noch etwa 20 bis 30 Minuten dauern, bis die richtige Temperatur zum Grillen erreicht ist. Sobald das Feuer im wesentlichen aus Kohlen besteht, werden diese ausgebreitet und der Grillrost darüber gelegt, damit dieser sich vor dem Grillen erwärmen kann. Kurz bevor Sie das Grillgut auf den Rost legen, streichen Sie etwas Öl über den Rost.
Wenn Sie in Kräutern mariniertes Fleisch oder Gemüse grillen möchten, binden Sie aus den Kräutern einen Pinsel und streichen damit das Grillgut nochmals ein, wie es im Rezept für Kartoffelspieße mit Rosmarin beschrieben wird. Brot sollte immer nur am Rande des Grills und nicht direkt über den Kohlen gegrillt werden, da es leicht verbrennt. In einigen Rezepten wird geschmolzener Käse verwendet. Dazu sollten Sie einen alten Topfdeckel mitnehmen oder ein »Dach« aus Aluminiumfolie bauen, damit die Hitze reflektiert werden kann.

Letzter Hinweis: Nehmen Sie immer allen Müll von Ihren Picknickplätzen wieder mit nach Hause! Und nicht zuletzt: Vergnügen Sie sich.

MENUS FÜR BESONDERE ANLÄSSE

Frühlings-Frühstück

Für 4 bis 6 Personen

Ein Korb mit Orangen-Scones, eine Kanne Kaffee und die Morgendämmerung. Wenn Sie früh genug aufstehen, können Sie den Tag von einer Wiese aus beginnen sehen oder in einem Park dem Vogel-Chor lauschen. Außer dem Kaffee und dem Ananas-Erdbeer-Smoothie lassen sich alle Gerichte am Tag vorher zubereiten. Die Rezepte für den Smoothie und das Kompott werden am besten verdoppelt. Von den Scones und den Muffins dagegen werden Sie mehr als genug haben, sie können entweder eingefroren oder für den nächsten Tag im Kühlschrank aufbewahrt werden. Die Orangen-Scones schmecken auch ohne Sahne und Beeren wunderbar. Erst kurz vor dem Aufbruch kocht man den Kaffee und rührt die Ananas-Erdbeer-Smoothies an.

Frittata mit Mangold und rotem Paprika
Erdbeer-Grapefruit-Minze-Salat
Blaubeer-Bananen-Muffins
Orangen-Scones mit Beeren und Sahne
Bloody Mary
Ananas-Erdbeer-Smoothie
Frischer Kaffee

Déjeuner sur l'herbe

Für 4 Personen

Romantische Bilder von Picknicks, die von Monet, Manet und Cézanne sowie unserer eigenen Phantasie geschaffen wurden, rufen die Vorstellung von einer auf der Wiese ausgebreiteten Decke, breitkrempigen Hüten, blühenden Blumen und langsam dahinziehenden Wolken hervor. Suchen Sie sich für dieses Picknick einen weitläufigen Park oder einen lichten Laubwald und servieren Sie alles auf einer schönen Decke. Und vergessen Sie den Sonnenschirm nicht!

Brunnenkresse-Sandwiches
Schinkenröllchen mit Mangold
Salat aus jungen Artischocken
Sommerlicher Kartoffelsalat
Gartensalat
Tarte mit Brombeeren, gelben und roten Himbeeren
Brombeer-Gespritzter

Herbstliche Werbung in einem italienischen Garten

Für 2 Personen

Der frühe Herbst, wenn das Licht noch golden ist, die Blätter sich gerade eben färben und die kühlere Luft schon an die kommende Jahreszeit mahnt, ist ideal für ein romantisches Picknick zu zweit. Ihr Lieblingspark wird leer sein – decken Sie auf einer karierten Tischdecke mit schönem Geschirr und Kristallgläsern. Damit alles vorbereitet ist, rösten Sie ein Baguette leicht vor und bereiten Sie daraus die wunderbaren Schinkenbrötchen mit Rauke und gerösteter roter Paprika zu. Von dem Salmagundi richten Sie nur eine halbe Portion an, dazu packen Sie von den einige Wochen zuvor eingelegten Oliven ein und so viele von den Zitronenschnitten, wie Sie beide essen mögen.

Salmagundi
Schinkenbrötchen mit Rauke und gerösteter roter Paprika
Kräuteroliven
Zitronenschnitten
Chianti Classico

Winter-Picknick am Wegrand

Für 4 Personen

Alle Bestandteile dieses Picknicks lassen sich in einem Rucksack transportieren und auf eine Langlauf-Skitour oder eine Waldwanderung zu Neujahr mitnehmen. Statt des Hähnchens kann man für die Sandwiches auch übriggebliebenes Putenfleisch verwenden. Für 4 Personen bereitet man den scharfen Jicama-Salat aus zwei Möhren und einer mittelgroßen Jicama zu. Und falls das Wetter gar zu ungemütlich wird, kann man diese würzigen Köstlichkeiten auch vor dem Kamin essen.

Scharfer Jicama-Salat
Sandwiches mit gegrilltem Hähnchenfleisch und Cranberry-Relish
Knusper-Apfel
Heißer Apfelwein mit Rum

Ein dionysisches Fest

Für 8 Personen

Dionysos war der griechische Gott des Weins und der Fruchtbarkeit und ließ es sich gerne gutgehen. Planen Sie dieses üppige Grill-Fest zu seinen Ehren für einen heißen Sommerabend. Atmen Sie das Aroma von Oregano und Rosmarin ein und stellen Sie sich vor, daß es von griechischen Bergen herüberweht. Genießen Sie Schafskäse, Oliven, Zitronen und Olivenöl, wie sie auf griechischen Märkten zu finden sind. Von allen Rezepten außer dem Dessert werden Sie doppelte Portionen benötigen. Die Sandwiches schneiden Sie am besten in mundgerechte Stücke. Und dann können Sie zuschauen, wie die Sonne über einem Weinberg, einem See oder dem Meer untergeht.

Kartoffelspieße mit Rosmarin
Mangold-Dolmades
Tabouleh
Ligurisches Tomaten-Sandwich
Tintenfischsalat
Fischkoteletts »al Greco«
Gestürzter Tomaten-Ingwer-Kuchen

Das große amerikanische Fest

Für 20 Personen

Die Amerikaner veranstalten gerne am Unabhängigkeitstag große Grillfeste, zu denen alle Nachbarn und Freunde eingeladen werden. Das angebotene Essen reflektiert die vielfältigen Wurzeln und Traditionen der amerikanischen Küche. Und auch wenn wir keinen Unabhängigkeitstag zu feiern haben, läßt sich mit diesen Gerichten prächtig feiern. Kaufen Sie einen großen Lachs und filetieren Sie ihn so, daß die Filets ganz bleiben. Verdreifachen Sie die Rezepte für Erdbeer-Salsa, die beiden Salate und die Polenta. Bereiten Sie zwei Portionen Brombeer-Pfirsich-Crunch zu und pro Person mindestens eine Portion Limonade und Shandy. Letzterer wird in Amerika zur Erinnerung an die Engländer getrunken.

Radicchiosalat mit Orangen, roten Zwiebeln und Fenchel
Kartoffelsalat »Tricolore«
Gegrillter Lachs mit Erdbeer-Salsa
Gegrillte Polenta mit Tomatenpesto
Maiskolben, gekocht oder gegrillt
Bray's Limonade
Lemon Shandy
Amerikanischer Apple Pie
Brombeer-Pfirsich-Crunch

SALATE UND BEILAGEN

Ein Salat kann sowohl Herzstück als auch raffinierte Beilage für beinahe jedes Picknick sein. Wenn Sie eine große Portion Salmagundi oder Nizza-Salat in die Runde stellen, werden die Gäste zufrieden über Stunden davon essen. Ein scharfer Jicama-Salat oder marinierte Zucchini eignen sich besonders gut als Beilagen zu Gegrilltem oder Sandwiches.

In diesem Kapitel finden Sie eine Auswahl von Gerichten mit Salat und Gemüsen, die zu jedem Picknick passen. Salat und Soßen sollten immer getrennt transportiert werden und erst kurz vor dem Verzehr angerichtet werden. Dort, wo Zutaten vorher mariniert werden, etwa bei den dicken Bohnen mit Friséesalat und Tomatenöl, sollten diese in ein separates Gefäß gefüllt und erst im letzten Moment auf dem Salat verteilt werden.

Salade Niçoise – Die amerikanische Variante

Außer dieser und jener Zutat hat die amerikanische Version mit der provenzalischen wenig gemein – aber auch dieser Salat schmeckt herzhaft und erfrischend und ist ein ideales Mittagsgericht für heiße Tage.

6 mittelgroße festkochende Kartoffeln (etwa 1 kg), geschält und in 6mm dicke Scheiben geschnitten
375 g gemischte frische Gemüse (z.B. Spargel, grüne Bohnen, Erbsen, Broccoliröschen), knapp gar gekocht
2 mittelgroße Tomaten, in Stücke geschnitten
150 g Champignons, in Scheiben geschnitten
1 Bund Radieschen, geputzt
2 Dosen Thunfisch (je etwa 180 g), abgetropft und in Stücke gezupft
Salatblätter zum Auslegen der Servierplatte
Petersilie zum Garnieren

Niçoise-Dressing:
1/8 l Pflanzenöl
6 EL Weißweinessig
3 EL Wasser
3 EL frisch gehackte Petersilie
1 1/2 EL Kapern, abgetropft
1 TL Senf
1 große Knoblauchzehe, durchgepreßt
1 1/2 TL frisch gehacktes Basilikum

Die Kartoffeln in einem 2 Liter fassenden Topf mit fest schließendem Deckel in 5 cm Salzwasser etwa 15 Minuten eben gar kochen. Abgießen und beiseite stellen.
Niçoise-Dressing zubereiten: Öl, Essig, Wasser, Petersilie, Kapern, Senf, Knoblauch und Basilikum in einer kleinen Schüssel mischen. Die Kartoffeln in einer großen Schüssel in der Hälfte des Dressings wenden. Zudecken und in den Kühlschrank stellen. Das übrige Dressing in ein Gefäß mit fest schließendem Deckel füllen und kalt stellen.
Die marinierten Kartoffeln, die gekochten Gemüse, Tomaten, Pilze, Radieschen und Thunfisch auf einer mit Salatblättern ausgelegten Servierplatte anrichten. Mit Petersilie garnieren. Die Platte mit Klarsichtfolie abdecken und in einem Korb transportieren, ebenso das Dressing. Das Dressing vor dem Servieren gut verrühren und über den Salat träufeln. *Für 6 Personen*

Salmagundi

Dieser Salat gilt als Wegbereiter des gemischten Salats und stammt aus dem Elisabethanischen Zeitalter in England (16. Jahrhundert).

Zitronen-Vinaigrette:
4 EL Zitronensaft
Salz und schwarzer Pfeffer nach Geschmack
5 EL Walnußöl
2 EL Pflanzenöl

2 cl Apfelschnaps (z.B. Calvados)
4 El Sultaninen
350 g Prinzeßbohnen, bißfest gekocht, abgeschreckt und abgetropft
100 g frische Perlzwiebeln, gekocht, blanchiert und geschält
2 säuerliche Äpfel (z.B. Boskoop oder Granny Smith), geschält, entkernt und in 6 mm dicke Würfel geschnitten
100 g kernlose grüne Trauben
1 EL Kapern
2 kleine Salatköpfe, gewaschen und trockengeschleudert
3 Hähnchenbrustfilets, pochiert, entbeint, gehäutet und in lange, feine Streifen geschnitten
½ rote Paprikaschote, entkernt und in 6 mm dicke Würfel geschnitten
6 Wachteleier, hartgekocht, gepellt und halbiert
1 EL Schnittlauchröllchen

In einer großen Schüssel den Zitronensaft mit Salz und Pfeffer verrühren. Langsam das Öl zugeben und verschlagen. Zur Seite stellen.
Den Apfelschnaps mit ¼ Tasse Wasser in einem Topf erhitzen, die Sultaninen hinzugeben und vom Herd nehmen, abkühlen lassen.
In einer großen Schüssel die grünen Bohnen, Zwiebeln, Äpfel, Weintrauben und den Salat mit den Kapern mit so viel Vinaigrette vermischen, daß der Salat leicht benetzt ist. Die übrige Vinaigrette in ein Gefäß mit fest schließendem Deckel zum Picknick mitnehmen.
Die Rosinen abtropfen lassen und über den Salat streuen. Die Streifen Hühnerfleisch zu dem Salat geben und mit den gewürfelten roten Paprika bestreuen. Die Wachteleihälften neben das Hühnerfleisch legen und mit Schnittlauch bestreuen. Die Schüssel nach Möglichkeit bis zum Aufbruch abdecken und gekühlt transportieren. Erst kurz vor dem Servieren das Dressing darübergeben.

Für 6 Personen

Kartoffelsalat »Tricolore«

Dieser Salat in den Farben der Trikolore wird nicht nur am 14. Juli gegessen. Allerdings muß man sowohl rote wie blaue Kartoffeln dafür bekommen, und das ist bei uns so gut wie unmöglich. Aber wir verraten Ihnen gerne, daß der Salat auch mit ganz normalen Kartoffeln aus Deutschland sehr gut schmeckt.

750 g gemischte rote, blaue und weiße Kartoffeln, geschält und in 2 cm dicke Würfel geschnitten (ersatzweise festkochende Kartoffeln)
5 EL Olivenöl
3 EL Weißweinessig
2 Knoblauchzehen, durchgepreßt
Salz und frisch gemahlener schwarzer Pfeffer nach Geschmack
175 g Räucherlachs, in 2,5 cm dicke Streifen geschnitten
1/3 Tasse Schnittlauchröllchen
1/4 Tasse Kapern, abgespült und abgetropft
Schnittlauchstengel und Paprikapulver zum Garnieren

Kartoffeln gut schrubben, in einem schweren Topf mit fest schließendem Deckel in 5 cm Salzwasser etwa 15 bis 20 Minuten gar kochen. Abgießen und beiseite stellen.
Unterdessen Öl, Essig und Knoblauch in einer großen Schüssel verschlagen. Mit Salz und Pfeffer würzen. Kartoffeln, Lachs, Schnittlauchröllchen und Kapern dazugeben und vorsichtig vermengen. Mit Schnittlauchstengeln und Paprikapulver garnieren. Abdecken und möglichst in einem Korb transportieren. *Für 4 bis 6 Personen*

Sommerlicher Kartoffelsalat

Eine kleine, leichte Mahlzeit ist dieser Salat aus Kartoffeln und Erbsen, der mit Hähnchenbrust serviert wird und seine sommerliche Leichtigkeit der frischen Minze verdankt.

750 g Kartoffeln (4 mittelgroße), in 8 mm dicke Scheiben geschnitten
300 g Tiefkühlerbsen

Garten-Minze-Dressing:
4 EL Pflanzenöl
3 EL Cidre-Essig
2 EL Wasser
1 TL Senf
1 TL Honig
2 Frühlingszwiebeln, in dünne Ringe geschnitten
3 EL frisch gehackte Minze
Salz nach Geschmack

4 Hähnchenbrusthälften, gebraten und abgekühlt
Radieschen und frische Minzezweige zum Garnieren

Kartoffeln in einem schweren Topf mit fest schließendem Deckel in 5 cm Salzwasser gar kochen, etwa 15 Minuten. Abgießen und abkühlen lassen. Erbsen in kochendem Salzwasser einmal aufkochen lassen, abgießen, abkühlen.
Garten-Minze-Dressing zubereiten: Öl, Essig, Wasser, Senf und Honig in einer Schüssel verschlagen. Die Frühlingszwiebeln, Minze und Salz nach Geschmack dazugeben und mischen.

Kartoffeln und Erbsen in einer großen Schüssel mit dem halben Dressing vermengen. In einer anderen Schüssel das Hähnchenfleisch mit einigen Teelöffeln Dressing vermengen. In den Kühlschrank stellen, möglichst in einer Kühltasche zum Picknick mitnehmen. Restliches Dressing, Radieschen und Minze separat transportieren.

Die Kartoffelmischung auf einer Platte anrichten. Hähnchenfleisch in 8 mm dicke Stücke schneiden und darauf anrichten. Mit dem restlichen Dressing beträufeln. Mit Radieschen und Minze garnieren.

Für 4 Personen

Im Uhrzeigersinn von unten: Tintenfischsalat; Tabouleh; Scharfer Jicama-Salat mit Möhren (Rezept Seite 25); Salat aus jungen Artischocken (Rezept Seite 26); Marinierte Zucchini (Rezept Seite 24)

Tabouleh

Tabouleh wird aus Bulghur (Hartweizen) gemacht, der gedämpft und aufgebrochen wurde. Es ist ein libanesisches Gericht, das im gesamten Nahen Osten zum Picknick serviert wird. Die frische Minze ist unerläßlich. Reichlich davon nehmen – und niemals getrocknete. Tabouleh paßt gut zu gegrilltem Fleisch.

½ Tasse Bulghur
4 Tassen fein gehackte glatte Petersilie
1 große rote Zwiebel, fein gehackt
3 große Tomaten, gehäutet, entkernt und gewürfelt
½ Tasse fein gehackte frische Minze
1 EL abgeriebene Zitronenschale
Saft von 2 Zitronen
½ Tasse Olivenöl
Salz nach Geschmack

Den Hartweizen in eine Schüssel geben und mit so viel kochendheißem Wasser übergießen, daß er knapp bedeckt ist. Umrühren und etwa 30 Minuten stehen lassen.
In einer großen Schüssel Zwiebel, Tomaten, Minze und Petersilie mischen. Beiseite stellen. Den Hartweizen durch ein Sieb abgießen, das letzte Wasser mit der Hand auspressen. Auf ein trockenes Küchenhandtuch geben und trockenpressen. Mit einer Gabel die Körner auflockern. An die Kräutermischung geben und vermengen. Zitronenschale und Zitronensaft hineinrühren. Olivenöl über die Mischung träufeln und gut vermengen. Mit Salz würzen und wieder gut umrühren. Zugedeckt im Kühlschrank erkalten lassen. Auf einer Unterlage aus Salatblättern und mit schwarzen Oliven garniert servieren. *Für 6 Personen*

Tintenfischsalat

Schnelles Garen ist das Geheimnis für zarten Tintenfisch. Reichen Sie knuspriges Baguette dazu, damit Sie die köstliche Soße auftunken können.

1,5 kg kleine Tintenfische, gesäubert
12 EL kaltgepreßtes Olivenöl
Grobkörniges Meersalz nach Geschmack
Saft von 1 Zitrone
½ Tasse frisch gehackte glatte Petersilie
¼ TL Peperoncino
Frisch gemahlener schwarzer Pfeffer nach Geschmack

Tintenfische gründlich waschen und abtrokknen. Den Körpersack in 2 cm dicke Ringe schneiden, die Tentakeln in mundgerechte Stücke. Kleine Tentakeln ganz lassen. Mit Küchenkrepp trockentupfen.
In einem großen Topf 4 EL Öl bei mittlerer Hitze erwärmen. Tintenfischstücke dazugeben und im Öl sautieren. 5 bis 8 Minuten garen, bzw. bis sie weich sind. Bei zu langem Garen wird das Fleisch zäh. Mit Salz würzen und in einem großen Sieb abtropfen lassen. Zur Seite stellen und abkühlen lassen.
Den Tintenfisch in einer großen Schüssel mit dem restlichen Olivenöl, Zitronensaft und der Petersilie mischen. Mit Peperoncino und Pfeffer abschmecken. Bis zum Aufbruch kühlen und in einer Kühltasche transportieren.

Für 4 Personen

Marinierte Zucchini

Besser als eingelegte Zucchini und schnell zubereitet, eignet sich dieses leichte Gericht auch für einen Ausflug mit Rucksack.

1 kg kleine Zucchini
1/8 l plus 2 EL kaltgepreßtes Olivenöl
2 EL Zitronensaft
Salz und frisch gemahlener Pfeffer nach Geschmack
2 EL frisch gehackte Minze

Zucchini waschen und säubern und in 3 mm dicke Scheiben schneiden. In einem großen Topf 4 EL von dem Olivenöl bei mittlerer Hitze erwärmen. Die Hälfte der Zucchini dazugeben und unter mehrfachem Wenden von beiden Seiten goldbraun braten.
Mit dem Schaumlöffel herausnehmen und auf Küchenkrepp abtropfen lassen. Mit den restlichen Zucchini ebenso verfahren, gegebenenfalls etwas Öl zugeben. Zucchinischeiben in eine stabile Schüssel mit Deckel geben, mit den restlichen 2 EL Öl und Zitronensaft beträufeln. Mit Salz und Pfeffer würzen, mit der Minze garnieren.

Für 6 Personen

Scharfer Jicama-Salat

Jicama heißt die große, weiße, fleischige Wurzel einer mexikanischen Rebe, die man roh oder gekocht essen kann. Bei uns kann man sie durch Melone ersetzen.

1 Bund kleine Möhren, gewaschen und geschält
1/8 l oder mehr frischer Zitronensaft
3 Jicama-Wurzeln, geschält (ersatzweise 1 Melone)
1 getrocknete Chilischote

Die Möhren in Julienne-Streifen schneiden, etwa 7,5 cm lang. In eine Schüssel geben, mit der Hälfte des Zitronensafts mischen und in den Kühlschrank stellen.
Die Jicama-Wurzeln ebenfalls in 7,5 cm lange Streifen schneiden und in eine Schüssel geben. Mit dem restlichen Zitronensaft begießen, vermengen und in den Kühlschrank stellen.
Wenn die Chilischote nicht ganz knackig und trocken ist, schnell bei mittlerer Hitze in der Bratpfanne rösten, aber nicht anbrennen lassen. Abkühlen lassen und mit einem Mörser zu Pulver mahlen.
Die Möhren und die Jicama-Wurzeln in eine Schüssel geben, mit dem Chilipulver bestäuben. Abdecken und in einen Korb stellen.

Für 6 Personen

Salat aus jungen Artischocken

Diesen Salat können Sie nur dann zubereiten, wenn Sie die ganz kleinen, jungen Artischocken aus Italien bekommen. Dann aber macht er großen Eindruck.

Saft von 2 Zitronen
36 ganz junge Artischocken
2 EL glatte Petersilie, gehackt
Salz und frisch gemahlener schwarzer Pfeffer
⅛ l kaltgepreßtes Olivenöl
100 g Parmesan

Eine große Schüssel zu ⅓ mit kaltem Wasser und dem Saft einer Zitrone füllen. Die kleinen Artischocken mit einem scharfen Messer rundherum schälen, den Stiel und die harten Spitzen der Innenblätter abschneiden. Artischocken dann sofort in das Zitronenwasser legen.
Artischocken nacheinander aus dem Wasser nehmen und in sehr dünne Scheiben schneiden. Sofort wieder ins Wasser legen. Wenn alle Artischocken geschnitten sind, abgießen und troktupfen.
Mit dem restlichen Zitronensaft, dem Olivenöl, Petersilie, Pfeffer und Salz mischen und in ein Gefäß mit fest schließendem Deckel füllen. Erst kurz vor dem Servieren Parmesan mit einem Sparschäler hauchdünn hobeln und darüberstreuen.

Für 6 Personen

Radicchiosalat mit Orangen, roten Zwiebeln und Fenchel

Dieser Salat ist eine klassische Spezialität aus Nordafrika, von uns leicht abgewandelt. Durch den Fenchel erhält er noch eine italienische Note. Der Salat schmeckt besonders gut zu kaltem Fleisch und gegrilltem Fisch.

1 großes Bund Brunnenkresse
3 große Handvoll rotblättrige Salate (z.B. Radicchio, Radicchio di Treviso, Eichblatt, Lollo Rosso)
4 große Navel-Orangen
½ Fenchelknolle
2 rote Zwiebeln, halbiert und in feine Streifen geschnitten
½ Tasse kleine ganze Oliven

Vinaigrette:
6 EL fruchtiges Olivenöl
4 TL Balsamico
4 TL Rotweinessig
½ TL Salz
frisch gemahlener schwarzer Pfeffer

Brunnenkresse und Salatblätter waschen und trockenschleudern. Holzige oder harte Stiele entfernen. In eine Plastiktüte füllen und bis zum Aufbruch kühlen. Mit einem scharfen Messer die Endstücke der Orangen abschneiden. Aufrecht hinstellen und mit einem Orangenschäler Schale und Haut spiralförmig abziehen. Orangen der Länge nach halbieren, dann jede Hälfte in dünne Scheiben schneiden. In eine Plastikschüssel mit Deckel füllen. Den Strunk des Fenchels entfernen und anschließend von oben nach unten in hauchdünne Scheiben hobeln.

Zwiebeln und Fenchel zu den Orangen geben. Die Vinaigrette in einem Glas mit Deckel mischen und bis zum Aufbruch kühlen.
Die Orangenscheiben, Zwiebeln, Oliven und Fenchelstreifen auf einem Salatteller anrichten und mit der Hälfte der Vinaigrette überziehen. In einer Schüssel die Salatblätter mit der restlichen Vinaigrette vermengen und auf dem Salatteller anrichten.

Für 4 Personen

Gebackener Knoblauch

Dieses aromatische Püree kann anstelle von Mayonnaise für beinahe alle Sandwiches verwendet werden. Es schmeckt auch wundervoll auf Bruschetta.

1 große Knoblauchzwiebel
1/4 Tasse Olivenöl
1/4 TL Salz
frisch gemahlener schwarzer Pfeffer

Den Ofen auf 160 Grad C vorheizen. Vom oberen Ende der Knoblauchzwiebel etwa 1 cm abschneiden. Die äußeren Häute entfernen, dabei aber die Zwiebel ganz lassen. Dann die ganze Zwiebel in eine kleine Back- oder Auflaufform stellen, mit etwas Olivenöl beträufeln und mit Salz und Pfeffer bestreuen.
Abdecken und 30 bis 45 Minuten backen oder bis der Knoblauch sehr weich und süß ist. Abkühlen lassen, dann die einzelnen Zehen auf etwas Brot auspressen oder alle in einen kleinen Behälter mit fest schließendem Deckel. Das Püree hält sich im Kühlschrank bis zu 3 Tagen. Zum Picknick möglichst in einer Kühltasche mitnehmen.

Ergibt etwa 1/4 Tasse

Im Uhrzeigersinn: Kräuteroliven (Rezept Seite 30), Schinkenbrötchen mit Rauke und gerösteter roter Paprika (Rezept Seite 43), Gebackener Knoblauch und Tomaten mit Mozzarella und Basilikum

Tomaten mit Mozzarella und frischem Basilikum

Aller Wahrscheinlichkeit nach ist dies die beste Art, eine vollreife Tomate zu genießen. Das Geheimnis des Erfolgs liegt in der Qualität der Zutaten. Nehmen Sie nur wirklich sonnengereifte, saftige Tomaten, den edlen Büffel-Mozzarella und erstklassiges Olivenöl – die Investition lohnt sich. Wenn sie dreierlei Basilikumsorten nicht finden, tut es die grüne Sorte auch.

1,5 kg reife Tomaten, zimmerwarm, in dicke Scheiben geschnitten
1 mittelgroße rote Zwiebel, in sehr dünne Ringe geschnitten
etwa 2 Bund frisches Basilikum (am schönsten ist es, wenn Sie rotes, grünes und Zitronen-Basilikum zugleich finden)
200 g erstklassiger, frischer Mozzarella, in dicke Scheiben geschnitten
4 bis 6 EL kaltgepreßtes Olivenöl
4 bis 6 EL Balsam- oder Rotweinessig
Salz und frisch gemahlener schwarzer Pfeffer
etwas frisches Basilikum zum Garnieren

Tomaten, Zwiebeln und zerzupfte Basilikumblätter auf einer Servierplatte anrichten. Mit Mozzarellascheiben belegen. Mit Öl und Balsamessig beträufeln. Mit Salz und Pfeffer würzen. Mit Basilikumblättern garnieren. Abdecken und möglichst kühl transportieren.

Für 4 Personen

Kräuteroliven

Diese würzigen Oliven sind die idealen Begleiter zu einem Picknick. Sie sollten gleich mehrere Portionen zubereiten, da sie etwa 4 Wochen in der Marinade ruhen sollten.

4 Tassen nicht entsteinte, eingelegte grüne Oliven oder eine Mischung aus grünen und schwarzen Oliven, abgetropft
etwa 1 Tasse kaltgepreßtes Olivenöl
2 EL frisch gehackter Rosmarin
1 EL frisch gehackter Thymian
2 ganze rote Chilischoten, in dünne Streifen geschnitten
4 große Knoblauchzehen, geschält und durchgepreßt
6 weiße Pfefferkörner, gestoßen
6 schwarze Pfefferkörner, gestoßen
Schale von 1 Zitrone, dünn abgeschält und in feine Streifen geschnitten
1 TL Senfkörner, gestoßen

Die Oliven mit dem Rücken eines Hackmessers oder mit einem Holzhammer leicht aufbrechen, damit sie die Gewürze besser aufnehmen.
In einem kleinen Schmortopf ½ Tasse Olivenöl bei mittlerer Hitze erwärmen. Alle Zutaten bis auf die Oliven dazugeben und etwa 3 Minuten erhitzen, bzw. bis die Kräuter und Gewürze ihr Aroma freigeben.

Die Oliven in ein 1-Liter-Glas oder ein Steingutgefäß geben. Das restliche Olivenöl zugießen oder so viel, daß die Oliven bedeckt sind. Erkalten lassen, Glas verschließen und in den Kühlschrank stellen. Die Oliven halten sich mehrere Monate. In einem fest schließenden Gefäß mitnehmen.

Ergibt etwa 1 Liter

Orientalischer Salat

Dieser unkomplizierte und leicht zu transportierende Salat kann als Vorspeise oder Beilage serviert werden.

1 Handvoll getrocknete Tomaten oder 3 frische Tomaten
250 g Broccoliröschen, blanchiert und abgeschreckt
4 EL Weißweinessig
4 EL Sojasauce
2 EL fein gehackter frischer Ingwer
1 TL fein gehackter Knoblauch
3 Frühlingszwiebeln, grob gewürfelt
½ bis 1 TL Sesamöl, nach Geschmack
Cayennepfeffer nach Belieben
250 g japanische Buchweizennudeln
2 TL geröstete Sesamkörner zum Garnieren

Getrocknete Tomaten grob hacken, mit kochendem Wasser überbrühen, 3 Minuten quellen lassen, abgießen und abtropfen lassen. Frische Tomaten häuten, entkernen und würfeln. Broccoliröschen in eine große Servierschüssel geben. In einer anderen Schüssel alle Zutaten bis auf Tomaten, Cayennepfeffer, Nudeln und Sesamkörner mischen. Die Marinade über den Broccoli gießen und mit den Tomaten vermengen. Mit Cayennepfeffer nachwürzen, wenn der Salat feurigpikant schmecken soll.
In einem großen Topf mit Salzwasser die Nudeln nach Packungsangaben kochen. Abgießen und unter kaltem Wasser abschrecken. Zu der Tomaten-Broccoli-Mischung geben, die Marinade dazugießen. Mit gerösteten Sesamkörnern garnieren und abdecken. *Für 4 Personen*

Frischer Gartensalat mit Kräutern

Diesen raffinierten Salat bereiten Sie am besten im Hochsommer zu, wenn es alle frischen Kräuter gibt.

Zitronendressing:
4 EL Olivenöl
2 EL Champagner- oder Weißweinessig
1 EL frisch gepreßter Zitronensaft
2 EL fein gehackte Schalotten
½ TL Salz
¼ TL frisch gemahlener schwarzer Pfeffer
½ bis 1 TL Zucker nach Geschmack

250 g gemischte frische Gartenkräuter und Salate (z.B. Brunnenkresse, Rauke, Korianderblätter, Minze, Oregano, glatte Petersilie, Basilikum und Dill), gewaschen und trockengetupft

Das Zitronendressing zubereiten: Olivenöl, Essig, Zitronensaft, Schalotten, Salz und Pfeffer in einer kleinen Schüssel verrühren. Genug Zucker einstreuen, um den Geschmack harmonisch zu machen. In ein Glas mit Schraubverschluß füllen. Die Kräuter und Salate waschen, trockenschleudern und in eine große Schüssel füllen. Abdekken und gekühlt transportieren. Kurz vor dem Servieren mit dem Dressing vermischen.

Für 4 Personen

Dicke Bohnen mit Friséesalat und Tomatenöl

Der Salat wird besonders edel, wenn Sie sich die Mühe machen, die dicken Bohnen nach dem Garen aus ihren harten Häuten zu drücken. Sie werden von dem zarten Geschmack der Bohnenkerne überrascht sein.

Für das Tomatenöl:
1/2 l kaltgepreßtes Olivenöl
3/4 Tasse getrocknete Tomaten, grob gehackt

500 g ausgelöste dicke Bohnen (aus etwa 2,5 kg nicht enthülsten Bohnen)
1/8 l Tomatenöl (s. oben)
2 TL abgeriebene Zitronenschale
Saft von 1 Zitrone
3 Knoblauchzehen, fein gehackt
2 EL fein gehackte glatte Petersilie
1 EL frisch gehackter Oregano
1/4 Tasse getrocknete Tomaten, grob gehackt
Salz und frisch gemahlener schwarzer Pfeffer
125 g Pancetta oder Bacon in dünnen Scheiben
1 Kopf Friséesalat, gewaschen und äußere Blätter entfernt
Gehobelter Asiago zum Garnieren

Das Tomatenöl sollte einige Tage im voraus zubereitet werden. Dazu das Olivenöl erhitzen, bis es beinahe raucht. Das heiße Öl über die getrockneten Tomaten gießen. Mindestens 3 bis 4 Tage stehen lassen. Durch ein Sieb in eine Flasche gießen und an einem kühlen, dunklen Ort lagern. Die Tomaten in ein Glas geben und für spätere Verwendung in den Kühlschrank stellen.

Ergibt 1/2 Liter

Die Bohnen enthülsen. Etwa 5 Minuten in Wasser kochen bzw. so lange, bis die Haut aufplatzt. Haut abziehen, Bohnenkerne auf ihre Weichheit prüfen. Gegebenenfalls Bohnen 3 bis 5 Minuten weitergaren, bis sie weich, aber nicht mehlig sind.
In einer großen Schüssel das Tomatenöl, Zitronenschale und -saft, Kräuter und getrocknete Tomaten mischen und mit den warmen Bohnenkernen vermengen. Etwa 1 Stunde durchziehen lassen. Mit Salz und Pfeffer würzen.

Pancetta in schmale Streifen schneiden und knusprig braten. Aus der Pfanne nehmen und auf Küchenkrepp abtropfen lassen, wenn der Pancetta abgekühlt ist, in ein Gefäß mit fest schließendem Deckel oder zu den Bohnen geben. Friséeblätter in mundgerechte Stücke zupfen. Junge zarte Blätter ganz lassen. In eine Plastiktüte füllen und gut kühlen. Erst am Picknickplatz Frisée auf einer Servierplatte anrichten, Bohnen und Marinade darauf verteilen. Mit Speckstreifen und Käsespänen bestreuen.

Für 4 Personen

SANDWICHES

Dieses Kapitel bietet Picknick-Anfängern ebenso wie versierten Picknickern eine Fülle von Ideen für raffinierte Sandwiches. Für die meisten wird Gemüse verwendet, und sie sind so konzipiert, daß sie offen serviert werden, was ihren ästhetischen Reiz erhöht.

Die einfachsten Genüsse sind oft die schönsten, deshalb biete ich meinen Gästen oft nur frisches Brot an, auf dem sie nach Belieben Caponata oder mit Knoblauch gewürztes Püree von weißen Bohnen verteilen können. Wenn ein Grill in der Nähe ist, kann man das Brot auch rösten, und schon hat man italienische Bruschetta.

Die Definition eines Sandwich ist hier so weit gefaßt, daß auch die Rezepte für Mangold-Dolmades und Schinkenröllchen mit Mangold Platz haben. Selbst einen griechischen Spinatkuchen, dünn mit Blätterteig umhüllt, und eine Fritatta mit Mangold und rotem Paprika, ganz ohne Kruste, haben wir in dieses Kapitel gemogelt, weil sie ohne Schwierigkeiten aus der Hand gegessen werden können – und das zu jeder Tageszeit.

Brie-Sandwich mit marinierten Tomaten

Zu diesem saftigen Sandwich sollten Sie genügend Servietten bereitlegen, denn es ist kaum mit Anstand zu essen. Aber es schmeckt wunderbar bei einem Sommer-Picknick!

1 mittelgroße Tomate, entkernt und grob gewürfelt
½ rote oder gelbe Paprika, entkernt und in sehr dünne Scheiben geschnitten
3 EL kaltgepreßtes Olivenöl
1 EL Balsamessig
Salz und frisch gemahlener schwarzer Pfeffer
8 Knoblauchzehen
kaltgepreßtes Olivenöl
4 EL Mayonnaise
2 große Scheiben Mischbrot
4 bis 6 frische Basilikumblätter
100 g Brie

Tomate, Paprika, Olivenöl und Essig in einer kleinen Schüssel mischen. Mit einer Prise Salz und Pfeffer würzen. Beiseite stellen und durchziehen lassen.

Die Knoblauchzehen häuten und mit Olivenöl bestreichen. In Folie gewickelt etwa 15 Minuten bei 175 Grad C im Backofen backen. Den Knoblauch zerdrücken und mit der Mayonnaise verrühren.

Die Brotscheiben großzügig auf einer Seite mit der Mayonnaise bestreichen. Ein oder zwei Basilikumblätter auf die Mayonnaise legen. Brie auf der anderen Brotscheibe oder Baguettehälfte verteilen. Mit der marinierten Tomaten-Paprika-Mischung belegen. Brotscheiben zusammenklappen und einmal durchschneiden. In Klarsichtfolie wickeln und gekühlt transportieren.

Für 2 Personen

Sandwiches mit gegrilltem Hähnchenfleisch und Cranberry-Relish

Das Relish ist die perfekte Beilage zu einem Hähnchenfleischsandwich. Man kann es separat essen oder auf dem Sandwich verstreichen. Falls Sie es sehr eilig haben, kann das Sandwich natürlich auch aus einem fertigen Brathähnchen zubereitet werden.

Cranberry-Orangen-Apfel-Relish:
500 g Cranberries
2 Granny-Smith-Äpfel, entkernt und grob gewürfelt
2 Orangen mit Schale, geviertelt und grob gewürfelt
400 g Zucker

1 mittelgroßes Brathähnchen, circa 1,5 kg
Salz und frisch gemahlener schwarzer Pfeffer nach Geschmack
4 EL Olivenöl
1 EL Zitronenschale, in feine Streifen geschnitten
Saft von 1 Zitrone, durchgeseiht
4 TL frischer Thymian (oder 2 TL getrocknet)
2 TL frischer Rosmarin (oder 1 TL getrocknet und zerstoßen)
1 TL frischer Majoran (oder ½ TL getrocknet)
2 Knoblauchzehen, durchgepreßt

1 Baguette, in 8 Stücke geteilt und aufgeschnitten
Mayonnaise nach Geschmack
Butter nach Geschmack
einige Stiele Brunnenkresse

Zunächst die Cranberries in der Küchenmaschine oder im Mixer zerkleinern. In eine mittelgroße Schüssel geben.
Äpfel und Orangen ebenfalls zerkleinern und zu den Cranberries geben. Den Zucker dazugeben und sehr gut mixen. Einige Stunden in den Kühlschrank stellen. Das Relish kann eingefroren oder bis zu 4 Wochen im Kühlschrank aufbewahrt werden. *Ergibt etwa 5 Tassen*

Den Backofen auf 225 Grad C vorheizen.
Das Hähnchen mit Salz und Pfeffer einreiben. Olivenöl, Zitronenschale und -saft, Kräuter, Knoblauch und etwas Pfeffer in einer kleinen Schüssel vermengen. Das Hähnchen großzügig innen und außen mit der Marinade bestreichen. Hähnchen auf den Bratrost in der Bratpfanne legen. Restliche Marinade über das Hähnchen gießen. 1 Tasse Wasser in die Bratpfanne geben. In den Ofen schieben und auf 175 Grad C herunterschalten.
1 ½ Stunden braten, Hähnchen alle 20 Minuten mit dem Bratensaft bestreichen, bis das Fleisch gar ist.
Sandwiches vorbereiten. Je eine Baguettescheibe mit Mayonnaise, die andere mit Butter bestrei-

chen. Fleisch des frisch gebratenen Hähnchens von den Knochen lösen und auf die gebutterten Brotscheiben verteilen. Mit Brunnenkresse belegen und mit Relish bestreichen. Mit der anderen Baguette-Scheibe zudecken. In Klarsichtfolie wickeln, im Sommer gekühlt transportieren.

Ergibt 8 Sandwiches

Von links nach rechts: Schinkenbrötchen mit Rauke und gerösteter roter Paprika und Weiße-Bohnen-Crostini mit Broccoligrün (Rezept Seite 44)

Schinkenbrötchen mit Rauke und gerösteter roter Paprika

Die leicht scharfe Rauke harmoniert köstlich mit den süßlichen und fleischigen roten Paprika und dem würzigen Schinken. Mit gewürzter Mayonnaise bestrichen, bekommt man ein kräftiges, saftiges Sandwich. Wenn die Paprika einen ausgereiften Geschmack haben, kann der Schinken weggelassen oder Schinken und Mayonnaise durch Ziegenkäse mit Kräutern ersetzt werden.

4 weiche, helle Brötchen
2 große rote Paprikaschoten
4 Scheiben Aubergine, etwa 6 mm dick geschnitten (nach Belieben)
4 dünne Scheiben Prosciutto (italienischer luftgetrockneter Schinken)
1 großes Bund Rauke, gewaschen, trockengeschleudert, die Stengel entfernt
Salz und frisch gemahlener schwarzer Pfeffer
1/2 Tasse fertige Mayonnaise
1 kleine Knoblauchzehe, durchgepreßt
1/2 Tasse frisches Basilikum, in feine Streifen geschnitten

Den Backofen auf 250 Grad C vorheizen. Die Paprikaschoten putzen, vierteln, auf ein Backblech legen und garen, bis die Haut etwas angekohlt ist und Blasen wirft. Schoten etwas abkühlen lassen und häuten. Die Auberginenscheiben beidseitig mit Olivenöl bestreichen, etwas salzen und auf ein Backblech legen. Etwa 30 Minuten im Ofen backen, einmal wenden. Die Mayonnaise mit dem gepreßten Knoblauch und dem Basilikum vermischen.

Die Mayonnaise großzügig auf den aufgeschnittenen Brötchen verstreichen. Prosciutto, Rauke, geröstete Paprikaschoten und nach Belieben Auberginenscheiben darauflegen. Die Paprikaschote mit Salz und frisch gemahlenem schwarzen Pfeffer nach Geschmack würzen. Die Brötchen zusammenklappen, in Klarsichtfolie wickeln und gekühlt transportieren.

Für 4 Personen

Weiße-Bohnen-Püree mit Broccoligrün

Diese wunderbare Kombination gehört in das Repertoire eines jeden Picknick-Fans. Das Rezept kann leicht verdoppelt oder verdreifacht werden.

Püree aus weißen Bohnen:
1 Tasse Cannellini oder andere weiße Bohnen
2 EL raffiniertes Olivenöl
1 Lorbeerblatt
4 Knoblauchzehen, geschält
1 Zweig frischer Thymian
1 TL Salz
1 EL kaltgepreßtes Olivenöl

Broccoligrün:
1 Bund chinesischer Broccoli (in asiatischen Geschäften zu haben, ersatzweise Blätter und Stiele von Broccoli oder Chinakohl)
2 EL raffiniertes Olivenöl
½ TL Salz
⅛ TL getrocknete Chilischoten, fein gehackt (nach Belieben)

Italienisches Weißbrot

Das Püree zubereiten: Die Bohnen in 4 Tassen kaltem Wasser 8 Stunden (oder über Nacht) einweichen. Abgießen und mit 3 Tassen frischem Wasser in einem Topf zum Kochen bringen. Anschließend das Olivenöl, Lorbeerblatt, Knoblauchzehen und Thymian dazugeben. 45 Minuten köcheln lassen, dann das Salz zugeben. Weitere 15 Minuten köcheln, bis die Bohnen weich sind und die Flüssigkeit fast ganz eingekocht ist. Vom Herd nehmen und das Lorbeerblatt und den Thymianzweig entfernen. Das kaltgepreßte Olivenöl dazugeben und mit dem Schneidstab des Handrührers fein pürieren. In ein Gefäß mit fest schließendem Deckel füllen und kühl stellen.

Den Backofen auf 225 Grad C vorheizen. Die Broccolimischung zubereiten: Den Broccoli waschen und die groben Stengel schälen. Die restlichen Stengel, das Grün und die Knospen fein hacken. (Anderes Grün ebenfalls putzen und in feine Streifen schneiden.) In einer großen Pfanne bei mittlerer Hitze in dem Olivenöl mit Salz und Chili anbraten. Etwa 10 Minuten garen, bis das Gemüse weich ist, aber nicht zerfällt. Abkühlen lassen und in ein Gefäß mit fest schließendem Deckel füllen.

Zum Anrichten großzügig Bohnenpüree auf dünne Scheiben italienisches Brot streichen, mit ein paar Tropfen kaltgepreßtem Olivenöl beträufeln und obenauf einen Löffel Broccoligrün geben. Alternativ können der Broccoli und das Bohnenpüree in kleinen Schüsselchen serviert werden (Püree immer mit ein wenig Olivenöl beträufelt), und die Gäste nehmen sich selbst.

Für 4 bis 8 Personen

Brunnenkresse-Sandwiches

Hauchdünne, rindenlose Brunnenkresse-Sandwiches gehörten früher zur Grundnahrung der englischen Aristokratie. Unsere Version ist sehr viel robuster – und durch die leuchtenden Kresseblüten eine wahre Augenweide!

1 großes Bund Brunnenkresse
30 Kapuzinerkresseblüten
250 g cremiger Frischkäse
2 fein gehackte Zwiebeln
½ Salatgurke, geschält, entkernt und fein gehackt
½ TL Salz
⅛ TL frisch gemahlener schwarzer Pfeffer
8 Scheiben helles Landbrot

Brunnenkresse waschen und abtrocknen, die harten Stengel entfernen. Eine Handvoll Brunnenkresse zum Garnieren beiseite stellen. Den Rest fein hacken. Die Kapuzinerkresseblüten sehr vorsichtig waschen und abtrocknen und sorgfältig auf mögliche Insekten absuchen. 8 Blüten zum Garnieren aufheben, die restlichen Blüten in feine Streifen schneiden.
In einer mittelgroßen Schüssel Zwiebeln, Salatgurke, gehackte Brunnenkresse, einen Teil der Kapuzinerkresse, Salz und Pfeffer mit dem Frischkäse vermengen. Gut 1 Stunde durchziehen lassen. Abdecken und zusammen mit dem Brot und den extra verpackten Blüten in den Picknickkorb Packen.
Die Mischung auf die Brotscheiben streichen und mit den restlichen Brunnenkresseblättern und Blütenblättern der Kapuzinerkresse garnieren. Am schönsten sind diese Sandwiches, wenn man sie so wie auf dem Foto serviert. Man kann sie aber auch zusammenklappen und so zum Picknick mitnehmen.

Für 4 Personen

Schinkenröllchen mit Mangold

Mit diesen italienischen Appetithappen werden Sie viel Lob ernten. Servieren Sie sie als Antipasto zusammen mit schwarzen Oliven, Fenchelstreifen, gebackenen roten Paprika, frischen Radieschen und Grissini (italienische Brotstangen).

1 Bund rotstieliger Mangold (ersatzweise auch grüner Mangold)
2 EL raffiniertes Olivenöl
2 Knoblauchzehen, durchgepreßt
Salz
1 EL Rotweinessig
2 EL kaltgepreßtes Olivenöl
16 hauchdünne Scheiben Prosciutto

Mangold waschen, die Stiele abschneiden und anderweitig verwenden. Die Blätter übereinanderlegen und in dünne Streifen schneiden, anschließend noch einmal quer hacken. In einer großen Pfanne bei mittlerer Hitze das Blattgemüse in dem raffinierten Olivenöl mit dem Knoblauch und Salz andünsten. Etwa 7 bis 10 Minuten garen, bis das Gemüse weich ist, dann den Essig zugeben. Vom Herd nehmen, das kaltgepreßte Olivenöl dazugeben und ruhen lassen, bis die Masse so weit abgekühlt ist, daß man sie verarbeiten kann. Einen Eßlöffel von der Füllung auf das schmale Ende des Schinkens häufen und aufrollen. Falls erforderlich, die Schinkenröllchen halbieren. Die Röllchen entweder in Alufolie oder einer Schüssel verpacken und in den Picknickkorb stellen. *Für 4 bis 8 Personen*

Sandwiches mit Brunnenkresse (Rezept Seite 45) und Schinkenröllchen mit Mangold gefüllt

Frittata mit Mangold und rotem Paprika

Frittata, die italienische Form des Eierkuchens, ist wunderbar vielseitig zu verwenden. Man kann sie zum Frühstück oder Mittagessen servieren, und sie läßt sich gut am Abend vorher zubereiten. In unserem Rezept geben Brotkrumen die nötige Festigkeit und Käse die saftige Fülle dazu.

2 große rote Paprikaschoten
1 Bund Mangold
1 große Stange Porree, gehackt
2 EL Butter
1 EL Olivenöl
1 TL frisch gehackter Thymian
1 TL frisch gehackter Majoran
1 TL Salz
6 Eier
1/8 l Milch
30 g frische Semmelbrösel
75 g geriebener Fontina-Käse
50 g geriebener Parmesankäse
Frisch gemahlener schwarzer Pfeffer

Paprikaschoten vierteln, putzen, auf ein Backblech legen und unter dem Grill oder bei 250 Grad C backen, bis die Oberfläche schwarz wird und Blasen wirft. Abkühlen lassen, häuten und in Streifen schneiden. Den Backofen auf 175 Grad C vorheizen. Den Mangold waschen, die Stengel entfernen und anderweitig verwenden, Blätter trockentupfen und quer in Streifen schneiden. In einem großen Topf den Porree in Öl und Butter bei mäßiger Hitze andünsten, bis er weich ist. Mangold, Kräuter und Salz dazugeben und etwa 7 Minuten weiterdünsten, bis der Mangold gar ist. Vom Herd nehmen, Paprika untermischen und abkühlen lassen.

In einer großen Schüssel die Eier mit der Milch verschlagen, Semmelbrösel und Käse hineinstreuen. Die Mangoldmischung darunterheben. Mit Salz und Pfeffer abschmecken. In einer eingefetteten runden Backform etwa 40 Minuten backen, bzw. bis die Mitte fest ist und die Kruste goldbraun. Aus dem Ofen nehmen und abkühlen lassen. Mit Klarsichtfolie abdecken und kühl transportieren. Vor dem Servieren in mundgerechte Stücke schneiden.

Für 4 bis 12 Personen

Griechischer Spinatkuchen

In mundgerechte Happen geschnitten, darf dieser köstliche Spinatkuchen auf keinem Picknick mit griechischem oder mediterranem Thema fehlen.

1 kg Blattspinat (zur Abwechslung kann man auch einmal Mangoldblätter, Löwenzahn oder Rauke verwenden)
75 g Butter
2 Zwiebeln, fein gehackt
2 Bund Dill, fein gehackt
4 bis 5 Eier
1/8 l Milch
Salz, Pfeffer
500 g milder griechischer Schafskäse
500 g Phylloteig (in griechischen oder türkischen Lebensmittelgeschäften erhältlich)
1 Eigelb

Spinat putzen, waschen, verlesen und in kochendem Wasser blanchieren. Abgießen, abschrekken, gut ausdrücken und grob hacken. Zwiebeln in 40 g Butter andünsten, Spinat und Dill zugeben und unter ständigem Wenden 5 bis 10 Minuten garen.

Eier, Milch, Salz und Pfeffer in einer Schüssel verschlagen, Schafskäse fein zerbröseln und zugeben. Spinatmasse darunterheben.

Eine Auflaufform mit sieben Lagen Phylloteig auskleiden, die Ränder müssen seitlich überlappen. Spinatmasse hineinfüllen und gleichmäßig verstreichen. Sieben Lagen Phylloteig darüberlegen, die Ränder darüberklappen. Den Teig mit einem scharfen Messer einschneiden, mit Eigelb einpinseln und mit der restlichen Butter in Flöckchen belegen.

Im vorgeheizten Backofen bei 250 Grad C 30 Minuten backen, dann weitere 30 Minuten bei 200 Grad C, bis die Oberfläche goldbraun ist. In Stücke schneiden, abdecken und kühl transportieren.

Für 6 bis 8 Portionen

Griechischer Spinatkuchen und Mangold-Dolmades (Rezepte Seiten 52)

Mangold-Dolmades

Die klassischen griechischen Dolmades bestehen gewöhnlich aus Weinblättern, die man fertig eingelegt kaufen kann. Unsere Variante mit Mangoldblättern und viel Zitronensaft gibt dem Gericht eine frischere Note. Daß die Dolmades im Backofen gegart werden müssen, kompliziert die Sache zwar etwas, kommt aber dem Aroma zugute.

1 Bund Mangold (etwa 20 Blätter)
75 g Pinienkerne, geröstet
3 EL Olivenöl
1 fein gehackte Zwiebel
125 g Reis
2 Bund frische Petersilie, fein gewiegt
1 Bund Dill, gehackt
60 g Korinthen
3/4 TL Salz
4 TL Zitronensaft
1 Zimtstange
1 Zitrone, in Achteln

Den Backofen auf 175 Grad C vorheizen. Die Stiele der Mangoldblätter abschneiden und anderweitig verwenden. Mit einem scharfen Messer den zähen Teil der Mittelrippe herausschneiden, aber vorsichtig, damit Sie das Blatt nicht entzweischneiden. Die Mangoldblätter in reichlich Salzwasser 30 Sekunden blanchieren. Sofort mit kaltem Wasser abschrecken und abtropfen lassen. Dann sorgfältig auf Küchenkrepp ausbreiten, damit die Feuchtigkeit aufgesaugt wird.

In einem mittelgroßen Topf die Zwiebel in 2 EL Öl bei mittlerer Hitze 7 bis 10 Minuten glasig dünsten. Reis, Petersilie, Dill, Korinthen, Salz, 2 TL Zitronensaft und die Zimtstange dazugeben. Mit 1/4 l kochendheißem Wasser auffüllen, zudecken und etwa 15 Minuten köcheln lassen. Die Mischung auf Zimmerwärme abkühlen lassen und die Zimtstange entfernen.

Eine ofenfeste Form mit der Hälfte des restlichen Olivenöls bestreichen. Ein Mangoldblatt mit der nach innen gewölbten Seite des Stengels nach oben hinlegen. Falls das Blatt in der Mitte eingeschnitten wurde, Hälften überlappen lassen, damit kein Loch entsteht. Einen Löffel der Füllung auf das Blattende geben, zuerst das Blattende, dann die Seiten umschlagen und vom Blattende her einrollen. Dolmades mit dem freien Blattende nach unten in den Topf legen. Mit den übrigen Mangoldblättern und der Reisfüllung ebenso verfahren. Die Dolmades dicht nebeneinander in den Topf legen, damit sie festgerollt bleiben. Die Oberseite mit dem restlichen Olivenöl bestreichen.

In einem kleinen Topf 1 Tasse kochendheißes Wasser mit den restlichen 2 TL Zitronensaft und 1/2 TL Salz mischen. Über die Dolmades gießen. Die Dolmades mit einer zweiten, etwas kleineren Auflaufform beschweren. 2 Tassen kochendheißes Wasser in die obere Auflaufform gießen. Die Dolmades etwa 30 Minuten im Backofen

garen. Aus dem Ofen nehmen und abkühlen lassen. Beide Auflaufformen zusammenhalten und vorsichtig das Wasser bzw. die Schmorflüssigkeit abgießen. Die Dolmades in ein Gefäß mit Deckel füllen, die Zitronenachtel extra transportieren und kurz vor dem Servieren anrichten.

Ergibt etwa 20 Stück, für 4 bis 8 Personen

GEGRILLTES

Für viele Liebhaber der Natur ist ein Picknick ohne Grill wie eine Affäre ohne Geliebten. Warum sollte man das Essen groß irgendwo hintragen, wenn nicht hinterher die Haare wenigstens nach Rauch riechen können. Ob im Hinterhof, am öffentlichen Grill im Park oder mit dem tragbaren Grill am Strand, das Kochen über einer offenen Flamme erinnert uns an ursprünglichere Zeiten. Und wir möchten zusehen, wie unser Essen gar wird.
Beinahe jedes Gemüse und Fleisch, aber auch Fisch läßt sich grillen. Ihrer Phantasie sind also kaum Grenzen gesetzt, und in dieser Auswahl an Rezepten lassen sich jede Menge Anregungen finden. Für ein Mittsommernachtsfest können Sie alles auf dem Grill zubereiten. Und für einen amerikanischen Abend sind gegrillter Lachs mit Erdbeer-Salsa, Kartoffelspieße mit Rosmarin und gegrillte Polenta mit Tomatenpesto ein wunderbares Trio. Sie können aber auch ganz einfach eine Scheibe gegrillte Aubergine oder etwas Hähnchen noch heiß zwischen zwei Scheiben geröstetes Brot legen.

Von oben nach unten: Caponata auf Bruschetta (Rezept Seite 57) und Fischkoteletts »al Greco« (Rezept Seite 56)

Fischkoteletts »al Greco«

Stellen Sie sich vor, Sie sitzen an einem warmen Sommerabend am Strand einer kleinen griechischen Insel und sehen aufs Meer hinaus. Auch wenn Sie die Ägäis nicht kennen, weckt dieses Gericht Urlaubsgefühle.

Kräuteröl:
1/8 l fruchtiges, kaltgepreßtes Olivenöl
3 Stengel frischer Oregano, fein gehackt
2 TL abgeriebene Zitronenschale
3 Knoblauchzehen, fein gehackt

500 g reife Tomaten, entkernt und grob gehackt
2/3 Tasse griechische Oliven, entsteint und gehackt
150 g Feta oder anderer halbfester griechischer Käse
4 Fischkoteletts (vom Heilbutt, Steinbutt oder einem anderen festfleischigen Fisch)
6 EL Olivenöl zum Einreiben
Eßbare Blütenblätter wie Schnittlauchblüten oder Kresse zum Garnieren
1 Zitrone, in Spalten geschnitten

Das Olivenöl etwa 1 Minute bei mittlerer Hitze in einem Topf erhitzen. Vom Herd nehmen und Oregano, Zitronenschale und Knoblauch dazugeben. Das Öl bei Zimmertemperatur mindestens 1 Stunde lang, am besten über Nacht, stehen lassen. In einer fest schließenden Flasche aufbewahren.
Tomaten mit dem Kräuteröl vermengen. Den Feta zerbröseln.
Den Fisch mit Olivenöl einreiben und bei großer Hitze auf dem Holzkohlengrill garen. Die Fischfilets sind gar, wenn das Fleisch eine durchscheinend-milchige Färbung annimmt. Nicht zu lange garen, besonders, wenn es fangfrischer Fisch ist.
Fisch auf 4 Tellern anrichten und einige Löffel Tomaten, Oliven und Feta daraufgeben. Das restliche Kräuteröl über jedes Filet träufeln. Mit eßbaren Blüten garnieren und Zitronenspalte getrennt dazu servieren. Frische gesalzene Gurkenscheiben passen gut zu diesem Gericht.

Für 4 Personen

Caponata auf Bruschetta

In Italien ungemein beliebt, ist dieses Gericht bestens geeignet, eine wohlschmeckende Tomate zur vollen Geltung zu bringen. Besonders schön sieht es aus, wenn Sie Tomaten in verschiedenen Farben verwenden. Caponata läßt sich gut vorbereiten.

Caponata:

1 mittelgroße Zwiebel
2 Stangen Sellerie
1 mittelgroße Aubergine, in Scheiben geschnitten. Die Scheiben mit Salz bestreuen, in ein Sieb legen und 15 Minuten abtropfen lassen.
1 kleine rote Paprikaschote, entkernt
6 EL kaltgepreßtes Olivenöl
1/8 l Rotweinessig
2 EL brauner Zucker
1 EL fein gehackter Knoblauch
2 EL Pinienkerne
2 oder 3 mittelgroße Tomaten, entkernt, gehackt und überschüssiges Wasser ausgedrückt
1/2 Tasse schwarze, eingelegte Oliven, entsteint und grob gehackt
1 Bund frisches Basilikum, fein gehackt
3 EL Kapern
2 bis 3 EL gehackte Weintrauben

Bruschetta:

8 Scheiben Baguette oder ital. Weißbrot (etwa fingerdick)
etwa 4 EL kaltgepreßtes Olivenöl
1 EL fein gehackter Knoblauch

2 bis 3 EL fein gehackte glatte Petersilie

Zwiebel, Sellerie, Aubergine und Paprika in etwa 1 bis 2 cm dicke Stücke schneiden. Das Gemüse in einem schweren Topf bei mittlerer Hitze etwa 10 Minuten in Öl andünsten, bis es weich ist. Essig, Zucker und Knoblauch dazugeben und 5 Minuten leise kochen lassen.
In einer kleinen schweren Pfanne die Pinienkerne bei mittlerer Hitze goldbraun rösten. Abkühlen lassen.
Das Gemüse in eine mittelgroße Schüssel geben und auf Zimmertemperatur abkühlen lassen. Tomaten, lauwarmes Gemüse, Pinienkerne, Oliven, Basilikum, Kapern und Weintrauben vermengen. In eine Schüssel mit Deckel geben und in den Picknickkorb stellen.
Olivenöl und Knoblauch mischen und in ein Glas mit Schraubverschluß füllen. Das Brot extra mitnehmen und erst an Ort und Stelle auf beiden Seiten mit Öl einpinseln. Auf einem Grill rösten, bis sie auf beiden Seiten goldbraun sind. Jede Scheibe großzügig mit Caponata belegen. Auf einer Platte anrichten, mit Petersilie bestreuen und servieren. *Für 4 Personen*

Anmerkung: Übrig gebliebene Caponata hält sich mindestens eine Woche lang im Kühlschrank.

Gegrillte Polenta mit Tomaten-Pesto

Polenta (italienischer Maisbrei) läßt sich einfach zubereiten und im Kühlschrank gut aufbewahren. Auf einem Grill zubereitet, bekommt dieses Gericht einen deutlich amerikanischen Akzent.

Gegrillte Polenta:
1 ½ l Wasser
1 TL Salz
200 g Maisgrieß
75 g Butter
1 EL gehackte frische Rosmarinnadeln
75 g geriebener italienischer Hartkäse (z.B. Parmesan, Asiago oder Pecorino)

Tomaten-Pesto aus getrockneten Tomaten:
1 Tasse getrocknete Tomaten, nicht in Öl eingelegt
warmes Wasser oder erhitzter Rotwein, um die Tomaten einzuweichen
50 g geröstete Pinienkerne
2 bis 3 Knoblauchzehen
75 g geriebener italienischer Hartkäse
4 bis 5 frische Basilikumblätter
knapp ¼ l kaltgepreßtes Olivenöl
1 TL Salz
Saft von ½ Zitrone
Prise Cayennepfeffer

In einem schweren, großen Topf Salzwasser erhitzen, bis es kocht. Maisgrieß nach und nach einstreuen, dabei sollte die Temperatur des Wassers nicht unter den Siedepunkt sinken, weil sich sonst Klumpen bilden. Die Polenta unter ständigem Rühren mit einem langen Holzlöffel bei schwacher Hitze garen. Jedesmal, wenn der Brei so dick wird, daß er sich nicht mehr ohne Mühe rühren läßt, einen Schöpflöffel kochendes Wasser dazugeben. Mindestens 30 Minuten garen, bis der Brei elastisch nachgibt und sich vom Topfrand löst. Je länger man ihn garen läßt, desto feiner wird er. Butter, Kräuter und Käse hineinrühren. Die heiße Polenta auf einem leicht eingeölten Backblech verteilen. Zugedeckt in den Kühlschrank stellen und fest werden lassen.

Während die Polenta kocht, das Pesto zubereiten. Die getrockneten Tomaten in warmem Wasser oder Rotwein einweichen, etwa 10 Minuten, bis sie richtig aufgegangen sind. Flüssigkeit abgießen. In einer elektrischen Küchenmaschine oder mit dem Rührstab zusammen mit den Nüssen und dem Knoblauch pürieren. Käse und Basilikum dazugeben und weiter pürieren. Das Olivenöl nach und nach dazugießen, bis eine sämige Konsistenz – ähnlich einer Mayonnaise – erreicht wird. Mit Salz, Zitronensaft und Chili (nach Belieben) würzen. 1 Tasse in ein fest schließendes Gefäß füllen.

Den erkalteten Maisbrei in portionsgerechte Stücke schneiden und in einer Lage in Alufolie wickeln, in den Picknickkorb legen. An Ort und Stelle jeweils von beiden Seiten mit Olivenöl bestreichen und auf dem vorbereiteten Grill je Seite 2 bis 3 Minuten grillen. Mit je einem Löffel Pesto servieren. *Für 6 bis 8 Personen*

Anmerkung: Sollte von dem Tomaten-Pesto etwas übrig bleiben, können Sie es wochenlang im Kühlschrank aufbewahren. Es schmeckt auch köstlich mit Pasta und Ziegenkäse, eignet sich als Pizzabelag mit Zwiebeln und Ricotta – um nur einige der Verwendungsmöglichkeiten zu nennen.

Ligurisches Tomaten-Sandwich

4 große Scheiben Aubergine
Salz nach Geschmack
kaltgepreßtes Olivenöl
2 Baguettehälften, jeweils der Länge nach aufgeschnitten
1 kleines Glas Pesto
4 dicke Scheiben Tomaten
4 Scheiben Provolone (insgesamt etwa 100 g)
2 kleine Handvoll Rauke

Die Auberginenscheiben leicht salzen und 10 Minuten stehen lassen. (Das Salz zieht die Bitterstoffe aus dem Fruchtfleisch). Mit Küchenkrepp abtupfen. Mit Olivenöl bestreichen und grillen, bis sie weich und goldbraun sind.
Pesto gleichmäßig auf beiden Baguettehälften verstreichen. Eine Hälfte mit Tomaten und Provolone belegen. Die andere Hälfte mit Aubergine belegen und zuoberst Rauke legen. Sandwiches zusammenklappen, einmal durchschneiden und fest in Klarsichtfolie einwickeln. Dazu paßt gebackener Knoblauch.
Sie können dieses Sandwich auch zu Hause vorbereiten und dann zum Picknick mitnehmen. Dazu werden die Auberginenscheiben unter dem Grill des Backofens gebraten und die Sandwiches zum Schluß fest in Klarsichtfolie gewickelt.

Für 2 Personen

Kartoffelspieße mit Rosmarin

Am besten schmecken diese Spieße aus würzig marinierten Kartoffelstücken, wenn man sie auf dem Holzkohlengrill zubereitet. Zu Hause können Sie die Spieße aber auch im Backofen grillen.

4 mittelgroße festkochende Kartoffeln (etwa 750 g), geschält und in etwa 4 cm dicke Stücke geschnitten
1 EL Olivenöl
1 EL Butter oder Margarine, zerlassen
1 EL frisch gehackter Rosmarin oder 1 TL getrockneter
1 große Knoblauchzehe, gehackt
½ TL Salz
¼ TL frisch gemahlener schwarzer Pfeffer
Außerdem: Vier 25 cm lange Schaschlikspieße oder 4 Holzspieße (30 Minuten in warmem Wasser eingeweicht)

Die Kartoffeln in 5 cm Salzwasser in einem Topf mit fest schließendem Deckel etwa 15 Minuten knapp gar kochen. Abgießen, etwas abkühlen lassen und auf die Spieße schieben. In ein tragbares Gefäß legen und in den Picknickkorb packen.

Die übrigen Zutaten in einer kleinen Schüssel mischen, abdecken und in den Picknickkorb stellen. Den Holzkohlengrill vorbereiten. Die Kartoffelspieße etwa 10 cm über der Glut auf den Grill legen. Mit der Rosmarinmischung bestreichen. Grillen, mehrmals bestreichen und wenden, bis die Kartoffeln leicht gebräunt sind, etwa 10 bis 12 Minuten.

Für 4 Personen

Sandwich mit gegrillter Hähnchenbrust und Rouille

Dieses Sandwich ersetzt im Sommer mühelos eine komplette Mahlzeit. Rouille, die scharfe provenzalische Knoblauchsauce, gibt ihm die nötige Raffinesse.

Zitronenmarinade:

1 EL frisch gehackter Rosmarin
1 TL frisch gehackter Thymian
1 EL getrocknete, fein gehackte Chilischote (nach Belieben)
3 Lorbeerblätter, zerstoßen
4 Knoblauchzehen, durchgepreßt
5 Streifen Orangenschale
5 Streifen Zitronenschale, gewürfelt
2 EL Zitronensaft
1/4 l kaltgepreßtes Olivenöl

6 große Hähnchenbrustfilets, ohne Haut und Knochen

Rouille:

1/2 gelbe Paprikaschote, Rippen und Kerne entfernt, geröstet, Haut abgezogen
1 getrocknete Chilischote, fein zerkleinert, oder Cayennepfeffer
3 große Knoblauchzehen, geschält
1 Glas Mayonnaise

Sandwich:

6 Brötchen oder 2 Baguettestangen, in drei Teile geschnitten
1 kleiner Kopf Friseesalat, gewaschen und trockengeschüttelt
18 rote Kirschtomaten, gewaschen und Stiele entfernt
18 gelbe Kirschtomaten, gewaschen und Stiele entfernt
12 junge Artischocken, geputzt, gekocht und halbiert
2 EL Olivenöl
1 TL Zitronensaft
Salz und frisch gemahlener schwarzer Pfeffer
1 EL frisch gehackte glatte Petersilie

Marinade zubereiten. In einer kleinen Schüssel die Kräuter und Gewürze mit dem Zitronensaft mischen. Nach und nach das Öl zugießen.

Ergibt etwa 350 ml

Hähnchenbrustfilets zwischen zwei Pergamentpapierstücke legen und leicht flach klopfen. Dann in die Marinade legen und mindestens 2 Stunden im Kühlschrank durchziehen lassen. Hähnchenfleisch aus dem Kühlschrank nehmen und trockentupfen. In einer Kühltasche zum Picknick mitnehmen.

Unterdessen die Rouille zubereiten: Die Paprikaschoten über einer offenen Gasflamme oder auf einem Holzkohlengrill rösten. Wenn sie abgekühlt sind, die verkohlte Haut abziehen. Die Paprikaschoten, Chilischoten oder Cayenne und Knoblauch mit dem Pürierstab pürieren. Die Mayonnaise dazugeben und alles gut vermengen. Wenn die Rouille zu dick ist, 1 EL kochendheißes Wasser dazugeben und schlagen. Rouille bis zum Auf-

bruch in einem verschlossenen Gefäß im Kühlschrank aufbewahren. In einer kleinen Schüssel die Kirschtomaten und Artischocken mit dem Öl und Zitronensaft mischen, mit Salz, Pfeffer und Petersilie würzen und vermischen. Schüssel abdecken. Den vorbereiteten Salat in eine Plastiktüte füllen und alles in einen Korb stellen.
Vor Ort den Holzkohlengrill vorbereiten. Wenn der Grill heiß ist, den Rost mit Öl bestreichen. Fleisch über mittlerem bis heißem Feuer grillen, bis es goldbraun und fast ein wenig angebrannt ist, etwa 5 Minuten pro Seite. Beiseite stellen und warm halten. Die Brötchen aufschneiden und mit der Schnittfläche nach unten rösten. Mit etwas Rouille bestreichen. Untere Hälfte des Brötchens mit etwas Frisee und einem Hähnchenbrustfilet belegen. Die andere Brötchenhälfte darüberklappen.
Die Gemüsemischung mit dem Sandwich servieren.

Für 6 Personen

Gegrillter Lachs mit Erdbeer-Salsa

Erdbeeren und Gurke gehen hier eine harmonische Geschmacksverbindung ein und unterstreichen das Aroma des gegrillten Lachses.

Salsa:
1 Salatgurke, fein gewürfelt
1 Frühlingszwiebel, das Grüne in feine Röllchen geschnitten
1 EL frische Minze, in feine Streifen geschnitten
3 bis 4 EL Reisweinessig (ersatzweise Weißweinessig)
250 g frische Erdbeeren, entstielt und fein gewürfelt

Barbecue-Sauce:
1 Knoblauchzehe, durchgepreßt
100 g Butter
1 EL Honig
2 EL Sojasauce
1 EL frisch gepreßter Zitronensaft

6 Lachsfilets, ohne Haut, jedes etwa 150 g

Am besten bereiten Sie die Salsa zu, kurz bevor Sie zum Picknick aufbrechen.
Gurke, Frühlingszwiebel, Minze und Essig in einer mittelgroßen Schüssel vermengen. Mit Folie abdecken und 1 Stunde in den Kühlschrank stellen. Die Erdbeeren in einem separaten Gefäß mitnehmen.
Barbecue-Sauce zubereiten. Knoblauch in der Butter bei niedriger Hitze anschwitzen. Honig, Sojasauce und Zitronensaft hineinrühren und 2 Minuten kochen. Kühl stellen und in ein fest schließendes Gefäß umfüllen. Den Lachs gut verpacken und in einer Kühltasche transportieren.
An Ort und Stelle den Holzkohle-Grill anfachen. Wenn die Kohle glüht, die Lachsfilets mit der Sauce bestreichen und in einen gut eingefetteten Spezialhalter aus Draht klemmen. (Es geht auch ohne den Spezialhalter, er erleichtert aber das Grillen und Wenden des Grillguts.) Etwa 10 cm über der Glut anbringen und 4 bis 5 Minuten auf jeder Seite grillen. Nach dem Umdrehen noch einmal mit der Sauce bestreichen. Wenn der Fisch gar ist, noch einmal mit der Barbecue-Sauce bestreichen. Der Fisch ist gar, wenn das Fleisch gerade fest geworden und noch elastisch ist.
Filets aus dem Spezialhalter nehmen, auf eine vorgewärmte Platte legen und die Salsa darüber gießen.

Für 6 Personen

SÜSSES

Picknicks regen bei mir immer den Appetit auf Süßes an. Kuchen, Torten und Pies, süß und fruchtig, denen ich sonst widerstehen kann, entwickeln draußen plötzlich den Reiz einer verbotenen Liebe. Leichtsinnig geworden, kann ich es kaum abwarten, bis das Obst auf einer Tarte verteilt worden und der Kuchen angeschnitten ist. Es ist wahr, daß im Freien alles besser schmeckt, aber auf süße Sachen trifft es besonders zu. Sie finden in diesem Kapitel Rezepte für jede Gelegenheit. Moderne Variationen klassischer Picknick-Themen sind die Tarte mit Brombeeren, gelben und roten Himbeeren, der amerikanische Apple Pie und der gestürzte Tomaten-Ingwer-Kuchen. Die Zitronenschnitten und der Erdbeer-Grapefruit- Minze-Salat schmecken besonders gut nach gegrilltem Essen. Und Blaubeer-Bananen-Muffins eignen sich gleichermaßen für ein Sonnenaufgangs-frühstück wie als Wegzehrung für eine Wanderung.

Brombeer-Pfirsich-Crunch

Die säuerlichen Beeren und süßen Pfirsiche harmonieren gut miteinander.

Crunch:
100 g Haferflocken
150 g Weizenmehl
½ TL gemahlener Zimt
100 g brauner Zucker
100 g Margarine oder Butter
100 g gehackte Pecannüsse (ersatzweise Walnüsse)

Füllung:
500 g frische Pfirsiche, in Scheiben
350 g Brombeeren
150 g Zucker
2 EL Weizenmehl

Vanilleeis zum Garnieren

Backofen auf 175 Grad C vorheizen.
Für das Crunch Haferflocken, Mehl, Zimt und braunen Zucker in einer mittelgroßen Schüssel mischen. Mit den Fingern die Butter einarbeiten, bis die Mischung bröselig ist. Nüsse dazugeben, beiseite stellen.
Für die Füllung Pfirsiche und Beeren mit Zucker und Mehl in einer mittelgroßen Schüssel gut vermengen. Die Füllung in eine 14 × 22 cm große Glasbackform geben. Brösel gleichmäßig über der Fruchtmischung verteilen. 1 Stunde im Ofen backen, bzw. bis die Brösel goldbraun werden und die Früchte brodeln.
Abkühlen lassen und dann mit Alufolie abdecken und mit Bindfaden oder Gummibändern sichern.

Für 6 Personen

Erdbeer-Grapefruit-Minze-Salat

Der säuerliche Geschmack der Grapefruit ergänzt die Süße der Erdbeeren und die Frische der Minze. Ein köstliches, leichtes Dessert nach gegrilltem Fisch oder Hähnchen. Der Salat kann aber auch zu einem Früstück serviert werden.

1 große Grapefruit
250 g Erdbeeren, entstielt und halbiert
2 TL Zucker
1 TL grob gehackte frische Minzeblätter

Oberes und unteres Ende der Grapefruit abschneiden. Mit einem Schälmesser die Schale und die weiße Innenhaut entfernen. Das Messer an der zwischen den Spalten liegenden Trennhaut entlangführen und saubere Segmente herausschneiden.

In einer mittelgroßen Schüssel die Grapefruitstücke, Erdbeeren, Zucker und Minze behutsam mengen. Für 1 bis 2 Stunden in den Kühlschrank stellen. Abdecken und aufrecht in den Picknickkorb stellen.

Für 4 Personen

Blaubeer-Bananen-Muffins

Diese Muffins verdanken ihre Saftigkeit den Blaubeeren, unterstrichen durch das Aroma der Banane. Achten Sie darauf, den Teig nicht zu heftig zu rühren, nachdem Sie das Mehl zugegeben haben, sonst wird er zäh.

100 g Margarine
175 g Zucker
2 Eier
2 bis 3 Bananen, zerdrückt (etwa 1 Tasse)
1/8 l Milch
300 g Mehl
2 TL Backpulver
1/2 TL gemahlener Zimt
250 g Blaubeeren, frisch oder tiefgefroren

Den Backofen auf 200 Grad C vorheizen.
In einer mittelgroßen Schüssel mit dem elektrischen Handrührer Margarine und Zucker cremig schlagen. Eier nacheinander dazugeben. Zerdrückte Bananen und Milch hineinrühren. In einer anderen Schüssel Mehl, Backpulver und Zimt mischen. Die Margarinemischung dazugeben und nur so lange mischen, bis der Teig feucht ist.
Behutsam alle Blaubeeren unterheben. Wenn Sie tiefgefrorene Blaubeeren verwenden, geben Sie sie im gefrorenen Zustand an den Teig, sonst verfärbt er sich. Teig in eingefettete Muffin-Förmchen oder Papierbackförmchen bis an den Rand füllen. 30 bis 35 Minuten im Backofen backen, bis die Muffins goldbraun sind.
5 Minuten in der Backform stehen lassen, dann auf ein Kuchengitter setzen und abkühlen lassen. Die Muffins können in einem fest schließenden Plastikgefäß oder in Plastiktüten aufbewahrt und transportiert werden.

Ergibt 12 Muffins

Orangen-Scones mit Beeren und Sahne

Die schönste Art, frische Beerenfrüchte des Sommers zu genießen – zum Frühstück oder als Dessert. Und auch dann noch köstlich, wenn nur noch Erdbeeren auf dem Markt sind.

Scones
(englische Teeküchlein):
300 g Mehl, gesiebt
1 EL Backpulver
1 TL Salz
2 EL Zucker
5 ½ EL Butter
1 extragroßes Ei, verschlagen
⅛ l Schlagsahne
2 EL Butter, zerlassen
100 g Zucker
1 EL abgeriebene Orangenschale

Beilage:
knapp 1 kg gemischte frische Beeren (z.B. Erdbeeren, Himbeeren, Brombeeren, Johannisbeeren), gewaschen und abgetrocknet
150 bis 200 g Zucker, je nach Süße der Beeren
1 Becher Schlagsahne, geschlagen und mit 2 TL Zucker leicht gesüßt

Den Backofen auf 225 Grad C vorheizen.
Mehl, Zucker, Backpulver, Salz und Zucker in eine kleine Schüssel geben und vermengen. Die Butter mit einem Knethaken oder zwei Messern sorgfältig unterkneten. In einer kleinen Schüssel das geschlagene Ei mit der Sahne vermischen und unter die Mehlmischung rühren, bis der Teig zu einer Kugel geformt werden kann.
Teig auf einer bemehlten Arbeitsfläche 1 Minute lang kneten, bis er glatt wird, und zu einer rechteckigen Platte von etwa 10 × 20 cm ausrollen. Teig mit der zerlassenen Butter bestreichen. Mit Zucker und Orangenschale bestreuen. Die Teigplatte aufrollen (wie bei einer Biskuitrolle), den Teigrand leicht mit den Fingern zusammendrücken. Rolle in acht 2,5 cm dicke Scheiben schneiden. Auf ein gefettetes Backblech legen und 12 bis 15 Minuten backen, bis sie goldbraun sind. Auf einem Rost abkühlen lassen und zum Transport in Plastiktüten füllen.
Erdbeeren halbieren und zusammen mit den anderen Beeren in eine große, hübsche Schale legen. Mit Zucker bestreuen und 1 bis 2 Stunden in den Kühlschrank stellen, dann in den Picknickkorb oder in eine Kühltasche stellen. Die Sahne schlagen, in ein fest schließendes Gefäß füllen und gut kühlen. Zum Transport in die Kühltasche stellen. Zum Servieren jeweils mehrere Löffel voll Beeren auf ein Scone häufen und mit der Schlagsahne garnieren.

Ergibt 8 Scones

Von links nach rechts: Orangen-Scones mit Beeren und Sahne und Blaubeer-Bananen-Muffins (Rezept Seite 73)

Tarte mit Brombeeren, gelben und roten Himbeeren

Eine Tarte mit frischen Früchten ist etwas Wundervolles, wenn nur der Teig und die Füllung stimmen. Dieses Rezept wird all ihre Erwartungen erfüllen.

Venezianische Teigkruste:
225 g Weizenmehl
150 g feines gelbes Maismehl
½ TL Salz
1 TL Backpulver
100 g Butter, weich
175 g Zucker
½ TL Vanillezucker
1 EL abgeriebene Zitronenschale
1 ganzes Ei und 1 Eigelb
1 EL brauner Rum oder Wasser

100 g Frischkäse, weichgerührt
4 EL Schlagsahne
75 g Puderzucker
1 Päckchen Vanillezucker
100 g Mascarpone
je 100 g Brombeeren, rote und gelbe Himbeeren

Den Backofen auf 175 Grad C vorheizen. In einer Schüssel Mehl, Maismehl, Salz und Backpulver mischen. Zucker und Butter mit dem Schneidstab verrühren, bis eine cremige Masse entsteht. Vanillezucker, Zitronenschale, Eier und Rum dazugeben. Mit dem Schneidstab kräftig verrühren, bis alles gut vermischt ist.

Die Mischung zu den trockenen Zutaten geben. Gut verkneten. Der Teig sollte dick und klebrig sein. In Pergamentpapier einschlagen und eine halbe bis ganze Stunde im Kühlschrank kühl stellen.

Den Teig halbieren (die andere Hälfte kann für den weiteren Gebrauch eingefroren werden). Den Teig auf einer leicht bemehlten Arbeitsfläche vier- bis fünfmal durchkneten. Den Teig und das Nudelholz mit Mehl bestäuben, damit nichts hängenbleibt. Den Teig zu einer Platte von etwa 25 cm Durchmesser 6 mm dick ausrollen. Wenn der Teig zu klebrig ist, kann er zwischen zwei Bögen Klarsichtfolie ausgerollt werden.

Den Teig vorsichtig in eine Tarteform mit herausnehmbarem Boden von 22 cm Durchmesser gleiten lassen. Leicht andrücken. Wenn er reißt, muß man ihn nur wieder zusammendrücken.

Den Teigboden mit Pergamentpapier oder Alufolie bedecken, dann mit getrockneten Bohnen oder Reis bestreuen, bis die Schicht mindestens 1 cm dick ist, damit der Teig eben bleibt. 20 Minuten backen.

Das Papier und die Bohnen entfernen und weitere 12 Minuten backen, bzw. bis die Teigkruste sich leicht bräunt. Aus dem Ofen nehmen. 5 Minuten abkühlen lassen. Vorsichtig den äußeren Ring der Tarteform lösen. Mit einem Metallspatel den Tortenboden vorsichtig lösen und auf ein Kuchenrost gleiten lassen. 30 Minuten abkühlen lassen.

Den abgekühlten Tortenboden auf eine Kuchenplatte legen und bis zum Gebrauch mit Klarsichtfolie abdecken.
In einer großen Schüssel Frischkäse, Schlagsahne, Puderzucker und Vanillezucker mischen. Mit dem elektrischen Handrührgerät rühren, bis eine lockere Masse entsteht. Mit einem Gummispatel den Mascarpone unterheben.
Die Füllung mit dem Gummispatel auf dem Tortenboden verstreichen. Die Brombeeren, rote und gelbe Himbeeren in Kreisen darauf legen und 30 Minuten oder über Nacht im Kühlschrank kühlen.
Die Tarte auf eine Tortenplatte mit Deckel legen und diesen festbinden. Möglichst kühl transportieren.

Für 6 bis 8 Personen

Knusper-Apfel

Dies ist eine Art Streuselkuchen ohne den Kuchen – nur Frucht und knusprige Kruste!
In Amerika ist dieses unkomplizierte Dessert sehr beliebt.

Kruste:
75 g Pecannußhälften
150 g Mehl
50 g brauner Zucker
4 EL Zucker
1/8 TL Zimt
1 EL abgeriebene Orangenschale
75 g weiche Butter

Füllung:
6 Äpfel (z.B. Golden Delicious oder Idared),
geschält, entkernt und in Stücke geschnitten
1 EL Zucker
4 EL Preiselbeerkompott

Die Pecannüsse 5 Minuten in einer Pfanne ohne Fett rösten, abkühlen lassen und hacken.
In einer großen Schüssel die trockenen Zutaten mit der Orangenschale vermengen und die Butter mit der Hand einarbeiten. Wenn die Mischung krümelt, die Pecannüsse untermengen und beiseite stellen.
Den Backofen auf 190 Grad C vorheizen. In einer Schüssel die Äpfel mit etwas Zucker bestreuen und mit den Preiselbeeren vermengen. Die Füllung in eine Backform geben, glätten und die Streusel gleichmäßig darüber verteilen.
Mit Alufolie abdecken und 20 Minuten backen. Die Folie entfernen und weitere 20 Minuten backen, bis die Oberfläche knusprig braun ist und die Äpfel weich sind. Aus dem Ofen nehmen, abkühlen lassen und gut verpacken.

Für 6 bis 8 Personen

Amerikanischer Apple Pie

Am besten gelingt die Teigkruste nach wie vor mit Schweineschmalz. Margarine ist etwas für Gesundheitsbewußte. Amerikaner essen diesen Pie entweder mit Vanilleeis oder mit pikantem Cheddarkäse.

Pie-Teig:
450 g Mehl
1 TL Salz
225 g kaltes Schweineschmalz, Margarine oder Butter, in Stücke geschnitten
1 Ei
knapp 80 ml Milch

Füllung:
4 bis 6 säuerlich-süße feste Äpfel (z. B. Gravensteiner oder Jamba), geschält, entkernt und in Scheiben geschnitten
1 EL Zucker
2 EL Mehl
1 TL Vanillezucker
1/8 l Schlagsahne

Die Menge ergibt genug Teig für einen Pie mit Deckel und einen Teigboden oder -deckel für einen zweiten. Den Rest können Sie 1 Tag im Kühlschrank oder bis zu 1 Monat im Tiefkühlfach lagern.

Das Mehl und das Salz in die Rührschüssel einer Küchenmaschine sieben. Das Schmalz zugeben und mit dem Teigrührer auf niedriger Stufe rühren, bis die Mischung körnig wie feines Maismehl erscheint.
In einer mittelgroßen Schüssel das Ei mit der Milch verschlagen und zu der Mehlmischung geben. Bei höherer Geschwindigkeit rühren, bis der Teig einen Klumpen bildet und sich vom Schüsselrand löst. Den Teig in 3 gleich große Teile teilen, in Klarsichtfolie einwickeln und 2 Teigklumpen mindestens 20 Minuten im Kühlschrank lassen. Den dritten Klumpen für spätere Verwendung einfrieren.

Auf einer gut bemehlten Unterlage eine der Teigkugeln zu einer 3 mm dicken Scheibe ausrollen, so daß er in eine Tortenform von etwa 20 cm Durchmesser paßt und am Rand überhängt. Den Teig in die ungefettete Tortenform legen, den überstehenden Teig abschneiden und den Rand festdrücken. Den Teig gleichmäßig mit zerlassener Butter bestreichen und beiseite stellen. Für einen Deckel ebenso verfahren.
Den Backofen auf 220 Grad C vorheizen. Eine Tortenform mit dem Pie-Teig auskleiden.
In einer großen Schüssel die Äpfel mit dem Zukker und Mehl vermischen, Vanillezucker und Sahne dazugeben. Beiseite stellen. Die Ränder des Teigbodens mit ein wenig Wasser anfeuchten und die Apfelmischung in die Tortenform geben. Den Teigdeckel über die Äpfel legen, den Rand hochklappen, die Ränder zusammendrükken und verschließen. Mit einem scharfen Mes-

ser in die Mitte des Teigdeckels kleine Schlitze schneiden, damit der Dampf entweichen kann. Aus optischen Gründen kann auch ein Teiggitter darübergelegt werden.
Nach 10 Minuten Backzeit die Temperatur auf 175 Grad C herunterschalten und 30 bis 40 Minuten backen, bis die Kruste goldbraun ist und die Äpfel sich mit einer Spicknadel leicht anstechen lassen.
Aus dem Ofen nehmen, vollständig auskühlen lassen und dann zum Transport in Alufolie wickeln.

Für 8 bis 10 Personen

Gestürzter Tomaten-Ingwer-Kuchen

Dieses erstaunliche Rezept stammt aus einem Kochbuch des 18. Jahrhunderts.

100 g Butter, zerlassen
1 EL frisch geriebener Ingwer
6 EL brauner Zucker
2 bis 3 reife Tomaten (genug, um den Boden der Backform auszulegen), gehäutet, entkernt und in 6 mm dicke Scheiben geschnitten
100 g Butter, zimmerwarm
200 g brauner Zucker
½ Tasse Sirup (Melasse)
375 g Weizenmehl
2 TL Backpulver
1 EL gemahlener Ingwer
½ TL gemahlene Nelken
¼ l Buttermilch

Den Backofen auf 175 Grad C vorheizen. Zerlassene Butter mit dem Ingwer und Zucker mischen und damit gleichmäßig den Boden einer 25-cm-Backform bestreichen. Mit Tomatenscheiben belegen.
Unterdessen die weiche Butter mit dem braunen Zucker und dem Sirup im Mixer cremig rühren. Mehl, Backpulver und Gewürze in eine andere Schüssel sieben. Die Mehlmischung mit der Buttermilch an die cremige Butter rühren. Den Teig über die Tomaten in der Backform gießen.
Etwa 40 Minuten backen, bis an einem (in den Kuchen gestochenen) Holzstäbchen kein Teig mehr kleben bleibt. Aus dem Ofen nehmen, mit einem Messer den äußeren Rand lösen, dann den Kuchen auf eine Kuchenplatte stürzen. Mindestens 5 Minuten stehenlassen, bevor die Backform entfernt wird. Wenn der Kuchen vollständig ausgekühlt ist, in Klarsichtfolie wickeln und in den Picknickkorb packen.

Für 6 oder mehr Personen

Zitronenschnitten

Vorsicht, man kann süchtig davon werden!

Kruste:
70 g Mehl
50 g Puderzucker
1/4 TL Salz
28 EL eiskalte Butter, zerhackt

Füllung:
6 große Eier
600 g Zucker
1 EL abgeriebene Zitronenschale
1/8 l Zitronensaft
90 g Mehl
1 TL Backpulver
Puderzucker zum Bestäuben

Den Backofen auf 190 C Grad vorheizen. Mehl, Zucker und Salz in eine große Schüssel sieben. Mit den Knethaken des Handrührers oder zwei Messern die Butter in die Mischung arbeiten, bis sie krümelig ist. Den Teig in eine Backform von 42 × 25 cm Größe drücken. 15 Minuten backen, bis die Kruste leicht gebräunt ist.
In einer großen Schüssel die Eier schaumig schlagen und den Zucker hineinrühren. Zitronenschale dazugeben und langsam den Zitronensaft unterheben. Mehl und Backpulver in die Eimischung sieben und glattrühren. Anschließend auf der Kruste verstreichen und 25 Minuten backen. Auf dem Backblech abkühlen lassen. Mit einem scharfen Messer in portionsgerechte Vierecke schneiden und mit Puderzucker bestäuben. In einer Lage in Alufolie wickeln oder auf eine Servierplatte legen und gekühlt transportieren.

Ergibt etwa 48 Stückchen

GETRÄNKE

Durst ist ein ständiger Begleiter, wenn man im Sommer im Freien unterwegs ist, und regelmäßige Picknicker greifen wie automatisch zu Bier, Wein und Erfrischungsgetränken. Auch ein Krug mit Wasser ist immer willkommen, das, vor allem von Wanderern, gerne mit löslichen Aroma-Pulvern vermischt wird. Aber auch für Getränke gibt es jede Menge Variationsmöglichkeiten, genauso wie für Sandwiches und Salate.

Die folgenden Rezepte bieten Ihnen spannende Vorschläge zur Erweiterung des Repertoires. Sie reichen von einer säuerlichen Limonade zu süßen Ananas-Erdbeer-Smoothies, von Bier mit einem Schuß Zitrone bis zu einer Bloody Mary aus frischem Tomatensaft. Der Brombeer-Gespritzte ist eine weitere wunderbare Frucht-Zubereitung, der Apfelpunch erhält durch kräftigen Apfelschnaps das gewisse Extra.

Bray's Limonade

Ein Getränk aus Texas, für die wirklich sehr heißen texanischen Sommertage erfunden.

400 g Zucker
¾ l Zitronensaft, etwa 12 große Zitronen, durchgeseiht
¾ l Mineralwasser
Minzezweige zum Garnieren

Den einfachen Sirup zubereiten: Zucker in 1 l kaltem Wasser aufsetzen und bei großer Hitze zum Kochen bringen. Mit einem Holzlöffel umrühren, bis der Zucker sich aufgelöst hat. 5 Minuten kochen lassen, dann vom Herd nehmen. Abkühlen lassen und in einem verschlossenen Gefäß in den Kühlschrank stellen. Dieser einfache Sirup hält sich 3 bis 4 Wochen im Kühlschrank.

⅜ l Zitronensaft, ¼ l Sirup und ¾ l kaltes Wasser in einen Krug geben. Umrühren, in die Fächer eines Eiswürfelbereiters füllen und einfrieren.

Für das Picknick den restlichen Zitronensaft und Sirup mit den Limonadeneiswürfeln in eine Thermoskanne gießen. Die Minzezweige und das Mineralwasser separat in einer Kühltasche transportieren. Vor Ort das Mineralwasser mit dem Inhalt der Thermoskanne vermischen und mit Minze garniert servieren.

Ergibt 6 Portionen

Brombeer-Gespritzter

Brombeer-Sirup kann für vielerlei Getränke verwendet werden. Man kann ihn, mit Wasser oder Sodawasser verdünnt, auf Eis servieren, an einen Punsch oder als Aromazutat zu Eiscreme-Soda geben.

Brombeer-Sirup:
1 kg frische Brombeeren
etwa 200 g Zucker (nach Geschmack)

¾ l Brombeer-Sirup
¾ l Mineralwasser
Zitronenschale, spiralförmig zum Garnieren
Eiswürfel

Für den Sirup die Brombeeren im elektrischen Mixer teilweise pürieren.
In einem Topf das Fruchtpüree aufkochen lassen, dann 5 Minuten köcheln lassen, bis sich Saft bildet. (Nehmen Sie einen Kochtopf aus Edelstahl oder Emaille, andere Metalle würden mit der Fruchtsäure chemisch reagieren.)
Das Püree mit einem Holzlöffel durch ein Haarsieb in eine Schüssel streichen, bis nur noch die Kerne zurückbleiben.
Fruchtsaft wieder in den Topf geben. Zucker nach Geschmack dazugeben. Aufkochen lassen und kochen, bis der Zucker sich aufgelöst hat. Mischung abkühlen lassen, in 1 bis 2 fest schließende Gläser abgießen und in den Kühlschrank stellen. Der Sirup hält sich bis zu 1 Monat im Kühlschrank. *Ergibt etwa ¾ Liter*

Für ein Picknick packen Sie den Sirup, Eiswürfel und Mineralwasser separat in die Kühlbox und mixen erst vor Ort die Gespritzten. Dazu füllt man 6 Gläser mit Eis. ⅛ l Brombeer-Sirup in jedes Glas gießen. Mit Mineralwasser auffüllen und wahlweise mit Zitronenschale servieren.

Für 6 Personen

Ananas-Erdbeer-Smoothie

Erfrischend und doch mit viel Geschmack – ideal für ein Picknick. Der Smoothie wird vorbereitet und muß vor Ort nur noch geschüttelt werden.

200 g frische Ananas in kleinen Stücken
250 g Erdbeeren, frisch oder Tiefkühlware, halbiert oder in Scheiben geschnitten.
1 Banane, geschält und in Scheiben geschnitten
$1/2$ l Buttermilch
1 bis 2 EL Honig
3 bis 4 frische Minzeblätter
4 Eiswürfel
frische Erdbeeren oder Ananasstückchen zum Garnieren

Alle Zutaten außer den Früchten zum Garnieren im elektrischen Mixer glatt pürieren. Der Smoothie wird dann in eine Thermoskanne gefüllt und sollte möglichst auch gekühlt transportiert werden. Vor dem Servieren nach einmal schütteln. In 4 hohe Gläser gießen und mit einer Erdbeere oder einem Ananasstückchen auf dem Glasrand garnieren.

Ergibt 4 Drinks

Lemon Shandy

Ein erfrischendes Sommergetränk, das von den Seeleuten in ganz England geschätzt und in jeder Taverne getrunken wurde. Wir bieten es in zwei Versionen an.

Version I:
Saft von $1/4$ Zitrone
4 cl Mineralwasser
12 cl eisgekühltes Ale oder Lager

Der Zitronensaft, das Mineralwasser und Ale oder Lager werden getrennt transportiert. Zum Servieren erst den Zitronensaft mit dem Mineralwasser mischen, dann mit Ale oder Lager auffüllen.

Ergibt 1 Drink

Version II:
2 cl Zitronenlimonade
12 cl eisgekühltes Bier

Limonade und Bier sollten gut gekühlt sein und werden erst vor Ort in ein Glas gefüllt.

Ergibt 1 Drink

Bloody Mary

Wenn Sie diese frische Variante einmal probiert haben, gibt es kein Zurück mehr. Tomatensaft läßt sich relativ einfach selber machen, wenn man die Zeit dafür hat. Doch selbst wenn Sie Tomatensaft aus der Dose verwenden, ergeben die frischen Zutaten immer noch einen phantastischen Cocktail.

Etwa 1 l frischgepreßter Tomatensaft (aus etwa 3 kg Tomaten)
4 EL fein gehackte rote Zwiebel
1 rote oder grüne Chilischote, fein gehackt
4 EL fein gehackte Salatgurke (nach Belieben)
Saft von 2 Limetten
1 bis 2 EL Worcestershiresauce
Salz
frisch gemahlener schwarzer Pfeffer
6 kleine Schnapsgläser Wodka (12 cl)
Tabasco nach Geschmack
4 kleine Stangen Sellerie zum Garnieren
1 Limette zum Garnieren, in Vierteln
4 gekochte Riesengarnelen zum Garnieren (nach Belieben)

Verwenden Sie für den Tomatensaft nur sehr reife und saftige Tomaten. Je besser das Aroma der Tomaten, desto besser der Tomatensaft. Tomaten grob hacken. In einem Edelstahltopf bei mäßiger Hitze zum Kochen bringen. Tomaten kochen, bis sie ganz weich sind und ihren Saft abgegeben haben. Vom Herd nehmen, abkühlen lassen und Tomaten mit Saft durch ein Passier- oder Haarsieb streichen, um Kerne und Häute zu entfernen. Den Tomatensaft in einer Schüssel etwa 30 Minuten stehenlassen. Bei Tomaten, die sehr viel Wasser enthalten, bildet sich auf dem Püree eine Wasserschicht, die Sie abschöpfen können. So lange abschöpfen, wie Wasser aufsteigt. Je mehr Wasser Sie abschöpfen, desto konzentrierter wird der Tomatensaft. Probieren Sie. Möglicherweise erscheint Ihnen der Geschmack ohne Salz, Zucker und Zitronensäure, die bei Konserven als Geschmacksveredler verwendet werden, zu flach. Ihr Saft sollte ein kräftiges, würziges Tomatenaroma haben, Sie können immer noch mit Salz, Zucker oder Zitronensaft nach Ihrem Geschmack würzen.

Den Saft sofort in den Kühlschrank stellen. Er läßt sich ein paar Tage aufbewahren, wobei das Aroma aber nachläßt. In einem 2-Liter-Krug den Tomatensaft mit allen Zutaten mischen bis auf Selleriestangen, Limonenviertel und Garnelen. In eine Thermoskanne füllen, die Garnierung extra einpacken und alles gekühlt transportieren. In 4 hohe, mit Eis gefüllte Gläser gießen und mit einer Selleriestange und einem Limonenviertel garnieren. Für besondere Gelegenheiten können Sie jede Bloody Mary noch mit einer gekochten, eisgekühlten Riesengarnele garnieren.

Ergibt 4 großzügige Cocktails

Heißer Apfelwein mit Rum

Ein hervorragendes Mittel gegen Erkältung und Schnupfen.

2 EL weiche Butter
1 1/2 EL brauner Zucker
4 lange Streifen Orangenschale
8 Gewürznelken
4 Zimtstangen
4 cl brauner Rum
1/2 l heißer Apfelwein

Die Butter mit dem Zucker vermengen und beiseite stellen.
Die Orangenschale mit je zwei Gewürznelken spicken. In eine vorgewärmte Thermoskanne die Orangenschale, Zimtstangen und Rum geben. Heißen Apfelwein darübergießen und mit der Butter garnieren. Zum Servieren in 4 Becher gießen.

Ergibt 4 Portionen

Prickelnder Apfelpunch

Statt teuren Champagner zu kaufen, versuchen Sie mal diese schäumende Variante.

1 TL Puderzucker
½ TL Zitronensaft
1 cl Apfelschnaps
Moussierender Apfelwein, gekühlt

Alle Zutaten einzeln und gut gekühlt zum Picknick mitnehmen. Vor Ort Zucker, Zitronensaft und Apfelschnaps in einem hohen Highball-Glas verrühren, bis der Zucker sich aufgelöst hat. 3 Eiswürfel hineingeben und mit dem Apfelwein auffüllen.

Ergibt 1 Cocktail

REGISTER

DANKSAGUNGEN

Collins Publishers möchte allen Autoren und Fotografen der Reihe *»A Country Garden Cookbook«* danken; ebenso Sandra Cook und Stephanie Greenleigh, Food-Stylisten; Michaele Thunen und Sara Slavin, Stylistin für Blumen und Accessoires; und Kristen Wurz, Design- und Produktions-Koordination.

Die Rezepte und Fotos in diesem Buch werden mit freundlicher Genehmigung der unten aufgeführten Fotografen und Autoren nachgedruckt.

Copyright Fotos © 1993 Deborah Jones: S. 17, 21, 42, 46–47, 48, 51, 53, 62, Umschlagmotiv hinten
Copyright Fotos © 1994 Deborah Jones: Umschlagmotiv vorne, S. 4–5, 28, 31, 32, 35, 36–37, 39, 54–55, 59, 61, 91
Copyright Fotos © 1993 Kathryn Kleinman: S. 14–15, 18, 22, 24, 25, 26, 65, 68–69, 78, 81, 84–85, 86, 92, 93
Copyright Fotos © 1994 Kathryn Kleinman: S. 7, 41, 67, 71, 72, 75, 77, 87, 88, 94

Rezepte aus *Landhausküche. Äpfel*, © 1993 Christopher Idone: S. 19, 79, 80–81, 92, 93
Rezepte aus *Landhausküche. Beeren*, © 1994 Sharon Kramis: P. 40–41, 66, 70, 71, 73, 74, 76–77, 87, 89 links
Rezepte aus *Landhausküche. Gartengemüse*, © 1993 Sibella Kraus: S. 27, 43, 44, 45, 46, 49, 50–51, 52–53
Rezepte aus *Landhausküche. Zitronen*, © 1993 Christopher Idone: S. 23, 24, 25, 26, 30, 64–65, 83, 86, 89
Rezepte aus *Landhausküche. Tomaten*, © 1994 Jesse Ziff Cool: S. 29 rechts, 33 links, 34–35, 38, 56, 57, 58–59, 60, 82, 90
Rezepte aus *Landhausküche. Kartoffeln*, © 1993 Maggie Waldron: S. 16, 20, 33 rechts, 63